カラー・ヒーリング &セラピー

色彩がもつヒーリングパワーを
実生活に生かす本の決定版

THE BOOK OF
COLOUR HEALING

カラー・ヒーリング&セラピー

色彩がもつヒーリングパワーを
実生活に生かす本の決定版

THE BOOK OF
COLOUR
HEALING

テオ・ギンベル 著

日原もとこ 訳

ガイアブックスは
心と体を浄化し
地球を浄化する
ガイアを大切にして
出来るだけ
化学物質を使わない
自然療法と環境経営
の社会創りに努力していきます。

Editor	Eleanor Lines
Designer	Lucy Guenot
Managing editor	Pip Morgan
Direction	Patrick Nugent

® This is a Registered Trade Mark of Gaia Books

Copyright © 2005 Gaia Books
an imprint of Octopus Publishing Group
2-4 Heron Quays, London, E14 4JP

Distributed in the United States and Canada by
Sterling Publishing Inc.,
387 Park Avenue South, New York, NY 10016-8810

Text Copyright ©1994 Theo Gimbel

The right of Theo Gimbel to be identified as
the author of this work has been asserted in accordance
with Sections 77 and 78 of the Copyright, Designs and
Patents Act 1988, United Kingdom.

All rights reserved
including the right of reproduction
in whole or in part in any from.

First published in the United Kingdom in 1994 and 2001 by Gaia Books

本書の使い方
how to use this book

　本書はカラーセラピーの科学的根拠、セラピーにあたって用いられる治療法やテクニック、そして色の使い方について総合的に述べたものです。太線で示した項目は、エクササイズや日常で実践できる試みpractical activitiesです。文中の指示に従えば、自宅で色を用いたセラピー活動を行うこともできるようになっています。

　本書を用いるだけでもカラーセラピーは実践できますが、プロトレーニングをプラスしてもよいでしょう。ちなみに専門家の資格を取るには、指導者から直接個人指導を受けることとなります（１２４ページの「資料提供」参照）。

　病気が重い場合は、必ず資格を持ったカラー・プラクティショナーと相談の上で診断・治療するようにしてください。カラー・プラクティショナーの職業活動規約では、重篤な病気を治療する際、あらゆるカラー・セラピーは医師の監督のもとに行うことになっています。西洋医学と併せ用いることで、カラー・セラピーは効果を発揮するのです。

注意
本書に述べられたテクニックや概念、アドバイスなどは医師のしかるべき指示に代わるものではありません。これらは読者諸氏の判断と責任において行ってください。

序文
foreword

　色のパワーは、宇宙のナチュラルなエネルギーの一部です。物質を超えた世界を見ることができると、宇宙の原理を理解します。そして、完全な美への洞察力とわたしたちを取り巻く全てのものとの一体感を持ち始めるようになります。色は、太陽からのナチュラルなエネルギーの一部であるスペクトルとして、私たちを常に取り囲んでいます。色は私たちの身体を満たし、私たちのエネルギーと互いに影響しあっています。そのため、昔から治療のために用いられてきました。

　色彩療法は、エジプトやギリシャの神殿、中国、インド、チベットにおいて伝えられ、行われてきた古来の知恵です。中央アメリカのマヤ文明、北アメリカのインディアン部族伝承の知恵でもありました。これらの教えは、ピタゴラスやプラトンといったギリシャ哲学にも影響をおよぼしました。しかし、ヨーロッパ中世の暗黒時代には、突然姿を消すことになります。荘厳なゴシック様式の大聖堂を設計した中世の職人たちには、まだこの知識がありました。しかし、ニュートンやゲーテといった人びとの研究に、再び光と色の特質に対する関心が見られるのは、19世紀になってからのことです。今日では、昔の文学作品の中から再発見された知識や技術が、現代科学の枠組みに取り込まれていることもあります。本書ではそのような知識と、ナチュラルな治療技

法を多く紹介しています。これらの知識は、服装や化粧品のような日常役立つものから、色彩形態、クリスタル、オイル、ライトのように専門家向けの応用法まで、広範囲にわたっています。

　人間の身体の内・外側におけるエネルギーの相関パターンは、自然界における全ての生物のまわりで起こっているものとよく似ています。物体を包み込むオーラは、普通人間の目で見ることはできませんが、キルリアン・フォトグラフィーの技術を使えば、左ページにある葉の写真のように見ることができます。病気は、感情による精神レベルや、バクテリアやウィルスによる肉体レベルのエネルギーのアンバランスによって現われます。このように理解していくと、本書の色彩療法のテクニックが、どのようにして身体が持っている治癒力を助けることができるかわかるでしょう。色彩療法は、頭痛、倦怠感などの軽い症状から慢性病まで、あらゆる範囲の病気を治療する際に効果的な手段となります。色を使った治療は、身体のエネルギーを調整し、活性化することによって、他の治療法や薬の働きを助けたり増大させたりするのです。色彩療法は特に、ストレスが原因の湿疹や乾癬、季節性情緒障害(SAD)や鬱病にも有効です。

　本書では、ナチュラルな色のエネルギーに対する理解を深め、そのパワーに気付く能力を身につけることができます。そして、素晴らしい色の世界への目が開かれることでしょう。

目次
CONTENTS

はじめに　　　　　　　　　　　　　　　　　　　　　　　　　　10-13

CHAPTER ONE
わたしたちが住む世界の色　　　　　　　　　　　　　　14-29

　　　色の重要性　　　　　　　　　　　　　　　　　　　　　　17
　　　色の歴史　　　　　　　　　　　　　　　　　　　　　　　21
　　　化粧品と衣服に用いられる色について　　　　　　　　　　23
　　　家庭と職場における色　　　　　　　　　　　　　　　　　25
　　　内装用カラー・サマリーチャート　　　　　　　　　　　　29

CHAPTER TWO
色の科学　　　　　　　　　　　　　　　　　　　　　　30-41

　　　色の科学の歴史　　　　　　　　　　　　　　　　　　　　33
　　　発展スペクトル　　　　　　　　　　　　　　　　　　　　37
　　　光と顔料　　　　　　　　　　　　　　　　　　　　　　　39
　　　補色　　　　　　　　　　　　　　　　　　　　　　　　　41

CHAPTER THREE
色の効果を体験する　　　　　　　　　　　　　　　　42-57

　　　色について本能的に知っていること　　　　　　　　　　　45
　　　色と形　　　　　　　　　　　　　　　　　　　　　　　　47
　　　色と五感　　　　　　　　　　　　　　　　　　　　　　　49
　　　色彩瞑想法　　　　　　　　　　　　　　　　　　　　　　53
　　　色と動作　　　　　　　　　　　　　　　　　　　　　　　57

CHAPTER FOUR
身体における色エネルギー　　　　　　　　　　　　　58-77

　　　エネルギーの出入り　　　　　　　　　　　　　　　　　　61
　　　人間のオーラ　　　　　　　　　　　　　　　　　　　　　63
　　　チャクラ　　　　　　　　　　　　　　　　　　　　　　　65

色エネルギーの存在発見	67
脊椎の色	69
脊椎をダウジングする	71
健康と色	73
オーラの変化	77

CHAPTER FIVE
体調がすぐれないとき　　　　　　　　78-97

病気と診断	81
病気にかかったら	83
カウンセリングを受ける	85
病気とオーラ	89
色の変化を診断する	91
カラーリフレクションリーディング	95
リュッシャーのテスト	97

CHAPTER SIX
色によるヒーリング　　　　　　　　98-123

治療テクニック	101
色認識エクササイズ	103
顔料を利用する	105
光によるヒーリング	107
カラーセラピー用器具	109
治療に用いる色	111
カラーヒーリング用補助器具	117
ケーススタディ	121

資料提供	124
インデックス	125-127

はじめに
introduction

　色彩は体験そのものです。色を楽しむことは、地球に住むわたしたち人間に与えられた特権です。

　地球に降りそそぐ、太陽からの電磁波エネルギーのスペクトルには、わたしたちが光として"見る"ことのできる領域が含まれています。それぞれ波長の異なる電磁波エネルギーは物体に当たり、反射してわたしたちの目に入り、脳によって処理されることで、色スペクトルのさまざまな色相として認識されます。つまり、色という点から世界を見ると、色は風景の中ではなく、わたしたちの心の中にあるのです。ジョン・スチュワート・コリンズは、『ヴィジョン・オブ・グローリー』の中でこう記しています。

　"われわれは、地面から伸びている黄色いラッパズイセンを見る。そして、最も目立つ特徴である黄色は、まさにスイセンゆえに生じ、スイセンそのものの色のように思われる。しかし、そうではない。ラッパズイセンの黄色も、バラの赤色も、8分前には太陽の中にあったものなのだ"

　色がどのように見えるかは、わたしたちの目や脳の認識能力のほか、気体や湿気、そして光エネルギーを透過させ、反射したり屈折させたりする大気中のちりの組合せなど、複数の要因の微妙なバランスに左右されます。大気がなければ、地球には生命も生まれず、色もほとんどなかったことでしょう。ナチュラルな源を発する

ものであれ、産業による汚染物質であれ、大気中にちりが増えすぎると、光線が透過することのできない層を作ってしまいます。このようにして光が遮られたり、もしくは日暮れ時になって少しずつ暗くなると、色は薄れていき、あたりはモノトーンの世界となります。

わたしたちは皆それぞれ異っていて、色やその鮮やかさをまったく同じようには感じません。色を感じるということは、つい視覚による純粋な物理的現象だと考えがちです。しかし、エネルギーのひとつの表れとして、色はわたしたちの生活のあらゆるレベルで——精神、感情、肉体、そして魂にも——影響を及ぼしているのです。ですから、色から影響を受けるのは、何も目が見える人だけに限りません。目が不自由な人でも、同様にこれらのエネルギーを感知します。また、むしろ視覚以外の刺激を感じとる能力が発達している人たちこそ、より敏感に反応することが多いのです。

この本を読み進むうちに、色にはそれぞれ固有の性質と効果があることがおわかりになるでしょう。その中には、本当の気持ちや意志を表す、もしくは隠すために、知らず知らずのうちに服装や化粧に使っているものがあるかもしれません。"怒りで赤くなる（レッド・ウィズ・アンガー）" "顔が青白くなるほどひどくうらやむ（グリーン・ウィズ・エンヴィ）"など、感情を表すのに使うありふれた決まり文句のように、すでによくご存じのものもあるでしょう。身体から出入りする色エネルギーの流れのバランスが崩れたり滞ったりすると、それが感情の揺れとなって現れることがよくあります。

どのようにバランスが崩れているかを分析すれば、実際に身体に症状が現れる前に、不安定になっている部分を解明することができます。また、適切な色彩光線を浴びるなどの色彩療法（カラー・セラピー）によってエネルギーの流れを調整し、矯正することもできるのです。

　この本の後半では、生きている物すべてを包んでいるオーラの色を見て解釈したり、振り子（ペンデュラム）を用いて脊柱の椎骨の色エネルギーを調べるといった、色を分析するテクニックについて述べています。また、病気を分析して診断し、適切な治療法を選ぶためのカラーチャートもつけ加えました。中には、ひとりでごく簡単にできるものもあります。それは、たとえば自宅や仕事場の色彩設計を変えてみること、などです。また、水晶や色彩光線を用いたりする、より高度なテクニックを必要とするものもあります。それらについては、経験のあるカラー・プラクティショナーの指導が必要となります。

　本書にあるエクササイズ、特に呼吸法や視覚化・瞑想法を練習すれば、色を知覚する力が高まり、感覚が研ぎすまされて、よりヒーリング効果を持つ色のエネルギーを使いこなせるようになるでしょう。色を積極的に活用すれば、その効果は生活のあらゆるレベルで──肉体、精神、感情、そして最も重要な魂というレベルで──さまざまな利益をもたらすことでしょう。

　生命なくして色はあり得ず、色なくして生命はあり得ないのです。

CHAPTER ONE
_____

わたしたちが住む
色の世界
colour in our world

色の重要性

わたしたちは、まさに受精の瞬間から、一生を色に囲まれてすごします。胎児は、半透明の皮膚と筋肉を透過した光に包まれ、赤みがかった金色の輝きの中で育つのです。さまざまな色に満ちた現世界に生まれ堕ちるわたしたちは、ある生活環境、または室内の色にとり囲まれて成長します。何気なく毎日色とりどりの服をまとったり、色彩豊かな食物を口にするとき、色をたよりに選んでいます。ですから、何もない真っ白な空間や、完全な暗闇などの、色のない世界はまず経験したことがありません。人間は、暗闇と光の移り変わるコントラストを通して、人間社会や周囲の色を知覚するものなのです。

色は、わたしたちの感覚を左右します。人間は、ごく幼いうちに、形や音の場合と同じく、色によって環境を認識することを学びます。色に対する反応は大変根源的なものなので、子どもたちは5、6歳になるまで、もしくはそれ以降の年齢になっても、たとえばおもちゃなど、色のついたものを分類するようにと言われると、無意識のうちに形よりも色を基準にして分けています。男児と女児は、やや違った発達を見せます。女児は色に対する反応を強く保ち続けるのですが、男児はより低い年齢で形に反応しはじめます。

人間は一生を通じ、色を手がかりにして目に入ったものを知覚します。白髪混じりの髪ならば中年であるということですし、灰色の景観であれば都市部だと思うでしょう。リンゴは赤ければ熟しており、赤信号を見れば止まります。わたしたちは、色分けされた標識を手がかりに道を進み、また電線の配線などの具体的な例にみられるように、色によって仕事を処理します。また環境についても、色から多くの情報を得ることができます。たとえば、地方特有の岩石の色合いや風景の色相を手がかりとして、自分がいる場所を地理的に特定することさえも可能なのです。

色によるメッセージ

また別のレベルでは、わたしたちは身につけている服の色によって、心の状態を表現しています。ということは、色による主張を通して、友人の気分を推しはかるということも可能なわけです。身のまわりにある色は、心の状態や情緒に著しい影響を与えます——同じ色でも、赤い部屋に置かれたときと青く塗られた部屋のときとでは、まったく異なった印象を与えるのです。色彩計画によって、目、皮膚はもちろん、皮下組織や内臓までもが、受けとる光の量や性質を変えることができます。さらに、色は感情と密接な関連があります。わたしたちは、"顔が緑になるほどひどくうらやむ（グリーン・

暗闇と光

聖書にはこう記されています。"はじめに神は、天と地とを創造された。地は形なく、むなしく、闇が淵のおもてにあり、神の霊が水のおもてをおおっていた。神は『光あれ』と言われた。すると光があった"
　　——創世記1：1

光のエネルギーは、暗闇から生まれます。光が現れる前には、暗闇が世界を覆っていました。種が発芽するためには闇と光の両方が必要なように、わたしたちも、生活する上では光と闇の両方が必要なのです。

THE IMPORTANCE OF COLOUR 17

神は石の中に眠っている
神は草の中で夢を見ている
神は動物の中で身動きを始める
神は人間の中で目を覚ます
──古代中国のことわざより

ウィズ・エンヴィ)""顔が紫色になるほどに怒る(パープル・ウィズ・レイジ)""臆病な黄色(イエロー・ウィズ・カワーディス)""激怒する赤(スィー・レッド)"などと表現して、色から一般的に連想されるイメージを用いていますが、その中には、実際に意識しているよりも多くの真実が含まれているのです。

　上に挙げたような連想表現は、一生に及ぶ色との関わりのごく一部でしかありません。わたしたちは、時間の経過や季節の移りかわりを象徴する、色の変化のリズムに合わせて生活しています。そして1日が過ぎるうちに、日光の色は変化し、さまざまに移りかわる色合いを見せてくれます。夜明け前の空を覆う濃い青色の光は、朝を包む淡い青色に変わります。それから午後になると、より黄色がかった色になり、夕方を迎えると赤い色合いになります。こういった変化は大変ゆっくりとしているので、意識しなければめったに気づくことはありません。しかし、それでもいつのまにかわたしたちに1日の時間の経過を知らしめています(参照→右)。季節にも独特

色と写真
晴れた1日にどのように色が移り変わるか、カメラを使って実験することができます。緑色の草、青い空、花のような赤やオレンジ色の被写体を見つけ、早朝、午前中半ばごろ、正午、午後の半ばごろ、日暮れどきに写真を撮ってみましょう。

COLOUR IN OUR WORLD

の色があります。春のさわやかな緑は、夏がたけなわになるにつれて濃くなります。そしてわずか数カ月後には、きらめくようなオレンジ色、黄色、金色へと変わります。冬になると、鮮やかな色はほとんど姿を消して、あたりは殺風景な感じの色調になります。時には、小雪が降って残っている緑を包みかくし、暗闇と光のコントラストだけの景色になってしまうこともあります。また、科学技術の進歩によって、わたしたちのほとんどは昼夜分かたず光を得られ、1年中望むままに冷暖房調節のできる家に住んでいます。しかし、この反作用として、1日の、あるいは年間のサイクルに見られるナチュラルなリズムとの結びつきを失っているのではないでしょうか。

不可視光線に対する反応

太陽からは、可視光線の他に高エネルギーの宇宙線、ガンマ線、X線、紫外線が発せられており、わたしたちは、常時微少な影響を受けています。また地球では、大気、特にオゾン層が、そういった有害な電磁波から生物を守っています。しかし、このバックグラウンド放射線が与える影響については、まだほとんど解明されていないのです。

目に見えるエネルギーとしての光

人間の目は、光エネルギーを信号——神経インパルス——に変え、それを脳で"像"として知覚します。この可視光線は、わたしたちを包むエネルギーのスペクトルの一部（参照→P.34参照）であり、そのほとんどが太陽から発せられたものです。可視光線は、虹の色として知られている色によって構成されています。わたしたちの目は、その領域については感じることができますが、それ以外のスペクトルの部分を見ることはできません。それでも、赤外線や紫外線などの見えないエネルギーも、ある程度わたしたちに影響を及ぼしています（参照→左）。

光と光を構成する色は、心と身体に強い影響を与えます。気づいているか否かに関わらず、人間は肉体・精神・感情的なレベルで反応しているのです。

色に対する生理的反応

一般的に、スペクトルの赤寄りの色は身体を緊張させ、青寄りの色は弛緩させます。赤色を見たり感じたりすると、血圧が上昇します。青色の場合は身体が弛緩し、血圧が下がります。

色に対する精神的反応

色は、わたしたちの知覚に影響を与えます。たとえば、赤い部屋は青い部屋より狭く感じます。

色に対する感情的な反応

色は、目にしたものをどう感じるかについて影響を与えます。これは、肉体的な反応と、幼年期以降の心理学的な連想の発達に関係があります。しかし、おおむね赤色は人間を興奮させ、青色は鎮静させます。

フランスのシャルトル大聖堂にあるステンドグラス窓（参照→右ページ）を透過すると、日光はさまざまな色に染めわけられ、神聖な雰囲気を醸し出します。ヨーロッパにおけるステンドグラスの工芸技術は、12世紀から13世紀に頂点に達しました。この光を"とらえる"ガラスの発色剤としての金属酸化物は、瞑想や祈祷にふさわしい雰囲気を作りだす、大きな役割を担っていたのです。

色と生理学

　色は、外界を満たすだけではありません。わたしたちの身体の奥深くまで浸透しています。身体は、継続的に光の作用を受けていますから、光の影響は食物に次いで大きいのです。植物は、炭水化物を作りだすために光を必要とします。しかし、たとえば赤色、もしくは緑色の光のみを照射すると、成長のしかたに著しく差が出るということが実験でわかっています。貝割れ菜の種に赤い光だけを照射すると、小さな葉ばかり出て、発育が悪く、味も苦くなります。緑色の光のみだと、弱い苗となります。ところが、青い光のもとで育てると、成長は大変遅いのですが、発育の良い見事な、味も非常に甘い苗ができます。

　あらゆる色の中で、生理学的に人体に最も著しい影響をもたらすのは、赤色と青色の光です。赤い光は筋肉を活性化させ、血圧、呼吸数、心拍数を上昇させます。反対に、青色は身体を弛緩させるので、不眠症にも効果があるのです（参照→P.101）。

　そのように、色の身体への影響は、視覚だけではありません。皮膚や肉の表層——それに頭蓋骨でさえ——紫外線には非常に敏感に反応します。昔から黄疸の子どもたちには、全身に青色の光を照射する治療法が取られています。また、皮膚に紫外線が当たるとメラニン（日焼けの色のもとです）と、ビタミンD（人体におけるカルシウムの代謝に不可欠なビタミン）が作られます。ロシアでは、不可視光線である紫外線を増補的に照射された学童は、明らかに成長が早く、風邪をひく回数も少なく、成績も良好だったという結果が出ています。また目の不自由な人も、健常者と同様に色による影響を受けるということが、実験によって証明されています。色のまわりの空気の密度を指で感じ、非常に高い精度で何色かを識別できる、鋭い感覚を持っている人もいます。たとえば、赤色の物体表面の空気は、青色の物体表面にある空気よりも密度が濃く感じられるのです。

　スペクトルに含まれる可視光線と不可視光線から得られる情報は統合され、身体の隅々の細胞に届けられます（参照→左）。このメカニズムは、わたしたちが内なる自分と外界を一体化させ、調和させるのに役立っています。

　しかし、光の量が非常に多かったり少なすぎたりすると、全身の健康を損なうことになります。屋内で過ごす時間が長く、ナチュラルな日光エネルギーとは異なったスペクトルの人工の光ばかりを浴びている人や、冬のあいだ長期間太陽が顔を出さない高緯度地域に住んでいる人など、充分な光を浴びない人は、冬季鬱病（参照→P.37）にかかる傾向があります。逆に、過度の光は成長を促進し、老化を早めてし

光が認識される経路

目に入った光エネルギーは、網膜上で神経パルスを励起し、信号化されたメッセージとなります。信号は、視神経を経由して、大脳皮質の後頭葉視覚領野に送られます。視床下部は、生物時計として機能し、睡眠や摂食、また体温や水分調節などの機能を司っているところです。信号が神経を伝わるプロセスで、刺激の一部は、視床下部のある部分を興奮させます。

視床下部は、脳の下垂体と松果体の両方に影響を与えます。そして、この下垂体と松果体は、いずれも全身の細胞から送られてくる身体に照射されている光の量と色の性質についての情報に反応するのです。

体内における下垂体と松果体の役割は、副腎や生殖器などの器官を刺激するホルモンを分泌することです。そして、体内の代謝にも深く関わっています。

まう効果もあることがわかっています。たとえば、街灯によって夜が不自然に非常に明るく保たれている都市部に住む少女は、通常の昼と夜による光と闇を持つナチュラルなリズムの中で暮らしている田舎の少女たちよりも、早く初潮を迎える傾向があります。

色の歴史

エジプト
紀元前1550年ごろのものと思われるパピルスの中に、古代エジプト人は、色のついた薬についていくつも書き記しています。その中には、鉛丹や黒蜥蜴なども含まれ、また緑青を甲虫から取ったロウと混ぜたものは、白内障の治療に使われたとも書かれています。そしてエジプト人は、色彩療法発祥の地に神殿を建てたとも言われています。ルビーやサファイアなど、宝石の色を透過させた日光を当てて治療を施すこともありました。また、病気の治療には、粉末状にした宝石も用いられていました——たとえば、黄疸にはイエロー・ベリルといった風に。

中国
中国人は、脈、顔色、身体組織や器官の"色"を見て、病気の診断を行ってきました。赤い脈は心臓が弱っていることを意味し、黄色の脈は胃が健康に機能していることを意味します。およそ2000年前に編まれた医療書『黄帝内経』には、色による診断が記録されています。それには、"内臓がカワセミの翼のような緑色である場合は、それらは活力に満ちて"おり、"草のような緑色をしている場合は勢いが衰えて"いる、と記されています。

ヨーロッパ
色は、"四体液"説にも欠かすことのできない大切なものです。この医療思想体系は、おそらくエジプトに端を発するものと思われ、古代ギリシャ・ローマ時代からルネッサンス時代まで、ヨーロッパ中に浸透していました。赤い血液、黒胆汁、黄胆汁、白い粘液というように、体液にはそれぞれ色が割り当てられています。それらの体液のバランスの乱れは、皮膚や舌、尿、便の色に現れると考えられていました。

バランスを正すには

　カラー・プラクティショナーは、過去百年間以上も試みられ、試験されてきたさまざまなテクニックを用いて、身体の中のエネルギーの乱れを矯正することができます。このテクニックでは、完全スペクトル灯や有色水晶、色のついたシルク、彩色された図形を用います。色のついた服を着たり、太陽の光にさらした水を飲んだり、色とりどりの食物を食べたり、カラー・オイルを使ってマッサージをしたりするのです（参照→第6章）。さらに、色彩視覚化法、色彩呼吸法のテクニックを用い、さまざまに身体を動かすことによって、色がもたらす効果を強めることができます（参照→第3章）。カラー・プラクティショナーは、これらのテクニックのすべて、またはそのうちのどれかのトレーニングを受けています。カラー・プラクティショナーが用いるテクニックのうちでも、完全スペクトル灯をヒーリングに用いるテクニックは、最も強い効果を表すようです。

化粧品と衣服に用いられる色について

　わたしたちのうち、ほとんどの人間が意識する色の範囲といえば、衣服（化粧品という方もいらっしゃるでしょう）の色、それに家庭や仕事場、足を運ぶ場所で身のまわりにある色彩、といったところでしょうか。

　誰でも服装を選択する場合、その日そのときの感情が反映されるものです。それゆえに、その色はヒーリング・プロセスにも役立ちます（参照→P.105）。美容心理学者は、女性は顔にある特定の色を加えることで気持ちが明るくなり、心身ともに健康な状態のサイクルに入れる、と主張しています。もちろん、本当の自信というものは内側からわき出るもので、ナチュラルに輝く顔は、健康と健全な食生活、幸福と心の安定のたまものです。そして、この幸福と心の安定こそ、カラー・プラクティショナーが作り出せる内的な調和なのです。

イッテンのカラー・ホイール

ヨハネス・イッテンは、バウハウス・スクールで研究を重ね、色を混ぜあわせたときにどんな色が生まれるか、ひと目でわかるような図表を作りだしました（参照→左）。

原色の顔料を混ぜあわせると、第2色ができます。たとえば、原色の黄色と赤色を混ぜると、第2色であるオレンジ色ができます。オレンジ色と黄色を混ぜると、第3色のオレンジがかった黄色ができます。イッテンのホイールは、黒や白が加わると各色がどのような影響を受けるかを明らかにしています。これは、複数の色を混ぜあわせたときに無彩色である灰色が生じると、それらもとの色は互いに調和して見えるという事実に気づいたイッテンが、黒と白の影響を重要視して作ったものです。

COLOUR IN MAKE-UP AND CLOTHES 23

化粧品を用いて、髪や肌、唇の色を変えたり、アイ・メイクをすることで、顔の感じを変えたりすることはできます。確かに、自分自身の気持ちを引きたてる効果はあります。しかし、精神的な充足感によって、内から輝く素顔（右）に勝るものはありません。

色彩療法は、この精神的な調和を作るために働きかけるものです。色のついた服やオイルを使うなど、表面的な方法も有益です。しかし、なんといっても完全スペクトル灯を用いた、光源色による完全な色彩療法が一番効果的なのです。

化粧法アドバイスの起源

　ドイツのバウハウス・スクールで、1920年代に講師を務めていたヨハネス・イッテンは、色と色の関係を説明し、ある色が他の色の見えかたにどう影響を与えるかを示そうとして、カラー・ホイールを創作しました。イッテンは、色を色相という点からだけではなく、"冷たい"か"暖かい"かという印象によっても表現しました。黄、黄色がかったオレンジ、オレンジ、赤、赤紫は暖色で、黄緑、緑、青、青紫、紫は寒色です。中間の色相を持つ色は、隣りあわせになった色によって暖かく見えたり、冷たく見えたりします。

　イッテンは、デザインや色・形・音楽の関係にすっかり魅了され、生徒に好きな色を選ばせると、それぞれの肌や髪、目の色を補う色を選択したことも書き記しています。この彼の観察結果をもとに作られたスキン・カラー分析テストは、近頃非常に人気の高い、美容コンサルタント・サービスの根拠となっています。

学校における色

6歳から7歳の児童の場合、ローズ・ピンクは、実際に学校で授業を受けているのと同じくらい情操を活発化します。ドイツのゲッティンゲンにあるヴァルドルフ学校（下図）では、それぞれの学年によって教室の色彩設計が少しずつ異なっており、12歳児が使う教室の黄色に至るまで、段階的に色が変わっていくようになっています。これは、児童の高まりゆく精神活動を反映したものなのです。それより上級学年の教室では、穏やかな緑がふんだんに使われています。これは、ティーン・エイジャーがバランスのとれた思考ができるように、また慎重な判断ができるようにと考えられた結果なのです。

家庭と職場における色

歴史を振りかえると、何千年ものあいだ、物を彩色する顔料の数は限られていました。画家や染物師、ガラス職人、また他の工芸をなりわいとする人々は、大青、茜、コチニール、貝紫といった、天然の原料から採った顔料を用いていたのです。しかし、19世紀後半に人工染料が出現して以来現在に至るまで、色の種類は爆発的に増えつづけています。現代の技術では、スペクトルの基本色に対して加える黒、もしくは白の顔料の量を微調整することで、明色調や暗色調の異なる無数の色を作りだすことができます。

かくして色が満ちあふれている現在、それぞれの色が持つ固有の効果についての情報が各方面で求められています。そのひとつとしてカラー・プラクティショナーは、家庭や病院、学校、オフィス、工場における色の用いかたについて、アドバイスをすることができる存在です。

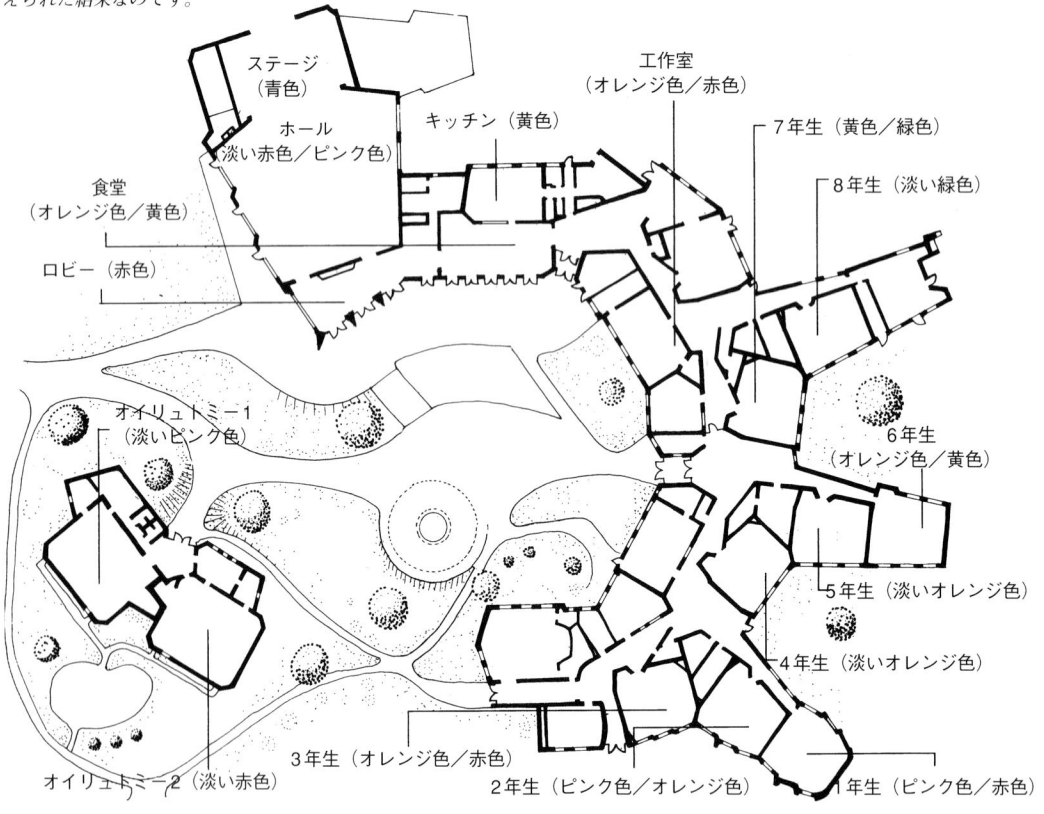

家庭ではあなたの目的に応じて、家屋のそれぞれの部屋に用いる色を使いわけるのもよいでしょう。暖色か寒色かということを目安に色を選んでください（参照→P.22「イッテンのカラー・ホイール」）。室内での作業を促進したいのなら暖色を、鎮静作用を求めるならば寒色を使います。たとえば、キッチンにはターコイズブルーが合っています。それは、新鮮な印象を与えるとともに、穏やかな活動を促進させるからです。目をひきつけたいところには鮮やかな色を使い、キッチン内で危険を避けたいところはそういった色で強調します。寝室には、鎮静効果のある青か緑を使うのがよいでしょう。勉強部屋には、そこで行う作業が必要とする雰囲気にもよりますが、赤や茶色のような活性効果のある暖色系の方が合うでしょう。緑やピーチオレンジ色を用いれば、食物の消化によく、友人とも楽しく団欒できるような落ちついた場所を作ることができるでしょう（参照→P.28～29「一覧表」）。

　ルドルフ・シュタイナー（1861～1925）は、色彩が人に与える影響を研究して独自の理論を構築し、それを基に、学校の教室についてあるべき色彩設計を考案しました。彼が最初に手がけた学校は、1919年にシュトゥットガルトで開校されました。そのシュタイナーは、哲学の講義と教育における業績によって有名ですが、児童の学習において最も重要な部分は、精神性の発達度にほかならないと考えたことです。シュタイナーが各年齢層に対して勧める色彩設計の中で、これは児童の発達段階を反映するように作られているのです（参照→左ページ）。

　また、病院に色彩設計を取りいれれば、治癒過程を早めることができます。たとえば精神病院では、ある特定の色を選んで使うと劇的な効果が得られるのです。下記に基本指針となる色の性質を簡単に述べてみましょう。これらは、すべての色彩設計（参照→P.28～29）に応用できますが、病院が行っている治療によって、適切な色は異なります。赤色：活力を高める、オレンジ色：喜び、黄色：超然、緑色：均衡をとる、ターコイズブルー：免疫性、青色：冷静さ、紫：高貴さ、マゼンタ（紫紅色）：変化を促す。

　これらのガイドラインによると、精神病院には青色をふんだんに取り入れるのがよいということになります。患者用の玄関には、厳粛な感じを持たせるために紫色を、職員用の玄関には、活力に満ちた1日のスタートを切れるようオレンジ色を使います。それぞれの病室は、患者の症状によって色を変えます。たとえば、嗜眠症の患者にはバラ色の病室が有効でしょう。興奮しやすい傾向にある患者にはターコイズブルー、落ちつきのない患者には青色を用います。

かわってオフィスや工場、作業場などでは、色をうまく使って作業環境を改善し、生産性や作業能率を向上させています。今日、色は建物や室内空間の非常に重要な要素である、と考える企業や団体が増えつつあります。

緑色は、従業員が騒がしい環境に耐えることを助け、青色は暑い作業場を涼しく感じさせるのによく、所どころに赤色に彩色されたポイントを作ると、人々の流れをよくします。一方で、あまり多く色を使うと、意図したものとは異なる効果が出てしまいます——たとえば、赤色が多すぎると攻撃的な雰囲気がもたらされますし、緑色が多すぎると従業員をだらけさせてしまいます。また、安全色に関するものも、人がそれぞれの色を見たときの実験効果に基づいて特徴づけられています。たとえば、消火用の器具類は"止まれ""～するな""危険"等を意味する赤色に彩色されていますし、緑色は"避難路"や非常口を示すサインによく使われます。

商品

企業は、人々の色による連想や好みを調査・分析して製品を売っています。製品の包装に意味情報を持たせ、品物を魅力的に見せるためには、色に頼るところが大きいのです。たとえば、砂糖は青みがかったピンクや青色のパッケージに入れて売られています。しかしそれは、これらの色が緑色にはない甘味を連想させるからです。粉末洗剤を使った実験でも、パッケージの色が製品の選択に大きな影響を与えることが証明されています。中身は同じでも、3つのサンプルパック——黄色、青色、黄色と青色——に入れられた粉末洗剤を見せられると、消費者は黄色のパックに入った洗剤は強力すぎ、青色のパックに入ったものは弱すぎると感じるのです。結局好ましいとして選ばれたのは、黄色と青色の配色パックに入った洗剤でした。同じような実験で、茶色の缶に入れたコーヒーはかなり苦く、赤い缶のものは風味が濃く、青い缶のものは薄め、そして黄色の缶はかなり薄く感じるという結果が出ています——ところが、缶に入っているコーヒーはみな同じものでした。

ところで、赤、黄、白で装飾されているファーストフードの系列店をよく見かけます。赤色は店に暖かい雰囲気を与え、人を引きつけます。さらに、同時に興奮作用もあるので、客の回転率も高めます。黄色と白色が一緒に使われると、清潔さが強調されます。したがって、狙いどおりの色の組合せにより、客はリラックスでき、おいしく食物を食べることができるのです。しかも、長居はしないという場の効果も生まれるのです。

パッケージの色
心理学者のマックス・リュッシャー博士（参照→P.97）は、製品の包装の色と、製品に求められる機能とのあいだには、ある程度関係があると提唱しました。たとえば、紺色のパッケージの製品は、安全保障の意味を提供するものであり、ある人がオレンジ色の包装の製品を特に選んだ場合、それは目的を達成し、勝利を手にしたいという欲望の現れだと述べています。

このダイニングルーム（参照→右ページ）の色彩設計のように、暖かいオレンジの色調を用いれば、食事に招いた友人をいっそう楽しくおもてなしできることでしょう。

色の効果のまとめ

　この見開きページに載せたチャートは、カラー・プラクティショナーの研究結果をもとに作られたもので、部屋の中で最も広い面積を占める色が与える影響について示しています。これらは、部屋の模様替えのプランを立てるときや、現在のインテリアの色彩設計を分析する場合にも役立つでしょう。これらのガイドラインに詳述された色の性質は、昼光に照らされているか、部屋の照明が完全スペクトル灯（参照→P.36〜37）の場合にのみ当てはまります。通常のタングステン電球のもとでは、物体色に黄色っぽい赤味が加わりますし、反対に白く冷ややかな蛍光灯の光も、やはり色味を変え、青っぽくしてしまうからです。

色	部屋	使いかたと効果
赤色	●活動が行われる場所や廊下に用いる（寝室やオフィス、工場、ストレスがかかる場所には不向き）。	□部屋を狭く感じさせる。 □脈拍数を上げる。 □空気の吸入を促進する。 □神経を鋭敏に保つ。 □判断力を強める。 □行動を促進する。 □色味が濃かったり鮮やかすぎると圧迫感があり、疲労感をもたらす。
オレンジ色	●食事をとる場所、娯楽を楽しむ場所、ダンスホール、廊下に適する。 ●寝室、勉強部屋、ストレスがかかるような場所には不向き。	□ダンスや運動する能力を刺激して高める。 □喜び、明るさ、開放感、快感を強める。
黄色	●純粋な黄色は、使い方が難しい。個室には向く。 ●オフィス、寝室、勉強部屋、作業場には不向き。	□断絶感や不安感をもたらし、呼吸を浅くする。 □成熟した心を持つ人に向く。
緑色	●手術室など、バランスの取れた判断を必要とするところに。 ●普段生活を送る場所や、活動が行われる場所にはまず不向き。	□安定性と慎重な判断力をもたらす。 □部屋を単調で退屈、空疎な感じに見せる。 □優柔不断を助長する。 □運動を抑止し、停滞した状態を作る。
ターコイズブルー	●キッチン、バスルーム、寝室、オフィス、治療室に。 ●活動が行われる場所、遊技場には不向き。	□涼気、さわやか、冷静、鎮静。 □神経のたかぶりを沈めるのによい。

色の生理的機能でいうと、家庭でよく用いられる淡い色にも、同色系のより濃い色と同じ程度の効果があるといえますが、白色を加えたことで、そのインパクトは抑えられています。たとえば、濃い青は弛緩効果が強く、眠気を誘うほどですが、淡い青なら、ほどほどにリラックスさせてくれます。また、濃い赤は刺激が強すぎて、疲労感をもたらすこともありますが、ピンクは穏やかな活性効果があり、覚醒を促してくれるでしょう。

　ところで、純色の塗料は、めったに存在しないということを心に留めておいてください。混ぜあわされた色には、すぐにそれとはわからない微妙な色調が生まれます。それだけでも効果は変わってくるのです。

色	部屋	使いかたと効果
青色	●寝室、オフィス、治療室、ストレスがかかるような場所に。 ●ダイニングルームや娯楽を楽しむ場所には不向き。	□気分を落ちつかせ、沈静化させ、ほっとする感じや眠気を誘う。 □緊張状態に立ちむかう場合に効果を発揮する、喘息、神経症、不眠症にきく。
紫色	●威厳が必要とされる場所——病院の玄関ホール、礼拝所、祭祀所、祝典が行われる場所、講義室に。 ●病棟や治療室には不向き。	□意志を強める。祈りを捧げたり瞑想したりするときに適当。 □荘重さや崇高さを出したいときに。 □体を落ちつかせ、精神のバランスを取る。
マゼンタ（紫紅色）	●礼拝堂、玄関ホール、講義室 ●娯楽を楽しむ場所には不向き。	□精神的な充足感を与える。 □満足感、円満な気持ち、自重心を呼び起こす。
黒色	●部屋全体に使うには不向き。	□情緒的な反応を高める。
白色	●空疎な感じの色なので、装飾品や絵画、植木などで補わなければならない。	□純粋さを誇張する。 □経験のなさを暗示する。 □荒涼とした感じを与える。

CHAPTER TWO

色の科学
the science of colour

家庭や仕事場で、身のまわりにある色の直接的な効果は、すぐにも分かり、利用することができます（参照→第1章）。しかし、色の効果と、色をどのようにセラピーに用いるかについてより深く理解するには、色が光によっていかに身体に取り込まれるか、身体がどのように色の持つメッセージを受けとめるのかを、より深く知る必要があります。

光が身体に取りこまれる過程

身体が色光を受けとめるにあたり、最も優れた感度を持っている器官が目です。つまり、脳が処理する知覚情報のおよそ90パーセントが、目から入ったものだからです。ところが、光と色に関する情報は、身体の全表面を覆う皮膚を通しても体内に入り込んでいます（参照→P.20）。わたしたちは、意識しないまま身体でいろいろなことを感じていますが、目によって集められた情報が脳に送りこまれることで、それらをより正確に認識することができるのです（参照→P.48、P.49）。

光と色が目を経由して知覚される生理学的なしくみは、学術的にも厳密に解明されているところです（参照→P.20「光が認識される経路」）。光は、目の前方にある水晶体を通り、後部の網膜上に像を結びます。網膜の中には、錐状体という特殊な細胞がありますが、これは色の全領域に反応する細胞で、昼間に最も活発に働きます。夜になると、また別の桿状体という感光細胞が視覚を司ります。桿状体は、青〜緑色の光に最もすばやい反応を示しますが、色のいかんにかかわらず、まず光の強さに敏感に反応します。桿状体は、夜間の視覚を担っている細胞です。目に入った光は、桿状体細胞と錐状体細胞によって電気信号に変えられ、視神経を経由して、脳の後頭葉で認識されます。

色盲について

わたしたちの中には、特定の色の違いを認識できない人もいます。通常は、赤色と青色を区別するのが難しいという症状が多いのですが、青色と黄色を区別できないという例もあります。男性の約8パーセント、女性の1パーセントが赤緑色盲です。しかし、特定の色を認識する感度と、光の波長による生理的効果は異なります。赤色と緑色がどちらも泥のような茶色に見えていても、色はそれぞれが固有の効果を身体にもたらすからです。目の不自由な人の場合と同じく、色の影響力は、単に見えるか否かには左右されないのです。色や光は、たとえ服を着ていても皮膚を通して身体に入り込みます。

よほど目のつんだ黒い衣服でもない限り、光を遮ることはできません。このように、生活環境にある主調色は、体全体に影響を与えているのです。

色の科学の歴史

光と視覚について、ピタゴラス、プラトン、アリストテレスは、早くからそれぞれ自説を唱えていました。ピタゴラス（BC582～507）は、ものが見えるのは、物体自体から発せられる粒子のためだと考えていました。プラトン（BC427～347）は、目から発せられた光が物体に当たり、そこから反射して、物体の形や色、大きさについての情報を伝えるのだと考えました。アリストテレス（BC384～322）は、光がどのようにして進むのかを研究しました。光は粒子としてではなく、波として伝わるという理論をうちたてたのは、彼の大きな業績です。アリストテレスの波動説は、現代の見解に最も近いものですが、20世紀初頭にマックス・プランク（1858～1947）やアルバート・アインシュタイン（1879～1955）らの物理学者が現在認められている理論の基礎を築くまで、光の正体が波か粒子かについては、その後およそ2000年にも渡って盛んに論争が交わされました。"量子論"として知られている現在の理論は、粒子・波動説の両方の要素を合わせ持っています。それによると、光エネルギーは、フォトンと呼ばれている不連続の"パッケージ"の形で伝播し、その動きが波状になっていると考えられています。

アイザック・ニュートン（1642～1727）は、太陽の光は白色に見えても、実は複数の色が混ざってできていることを発見しました。彼は、何度も実験をくり返し、暗くした部屋の中でガラスのプリズムに一条の日光を通すと、白色の光がその構成色である7色——虹の色——に分かれるということを明らかにしました。

ニュートンは、光学を専門的に研究する以前は数学者であり、哲学者でもありましたが、17世紀、科学の最前線でいろいろな発見をしていた他の学者の面めんと同様、神秘主義的な一面を持っていました。彼は、スペクトルの中に7色の色を見いだしました（7は神秘的な数と言われています）。ゲーテ（1749～1832）は、スペクトラムには6色の色があるとしています。6色とは、3つの原色——赤、黄、青——と、3つの第2色、すなわち原色を混合した色——オレンジ、緑、紫——のことです。ゲーテの理論は、この6色をパレット上で混ぜれば大抵は事足りるという、なによりも画家としての経験から導きだされたものでした。

スペクトルに含まれる色の数は、よく問題とされるところですが

波動エネルギー

電磁波には、波長、周波数（参照→P.34）、振幅という、3つの特徴があります。紫外線のように短い波長を持つ電磁波は、高い周波数と大きなエネルギーを持っています。振幅は波の高さで、これによって電磁波の強さ、すなわち明るさが決まります。大きな振幅の電磁波は、小さな振幅の電磁波よりも明るいということです。

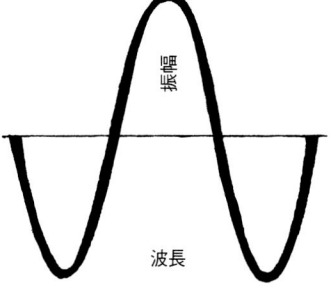

THE SCIENCE OF COLOUR

注意深く位置を決めて4つのプリズムを置き、それぞれに白色光を通すと（参照→右ページ）、現れた色光の筋にはスペクトルの8番目の色が含まれています。

6色あるように見えようと、7色、もしくはそれ以上見えようとも、それは色がどれくらい正確に現れているか、重なりあっている色の部分がどんなふうに見えるか、また加えるなら、どのような解釈が今日の理論に適合するかによるのです。

カラー・プラクティショナーは、ターコイズブルーとマゼンタを含め、ゲーテの6色に対して基本となる色は8色だと考えています（参照→P.40）。黒い横縞か縦縞が描かれた、白い紙の上に置かれたプリズムをのぞくと、非常にくっきりとマゼンタが見えます。黒色と白色を交互に並べると、赤色と紫色の光を混ぜあわせる作用がありますが、このマゼンタは、その作用によって生まれたものです。

電磁スペクトルについて

万物は、あますところなくエネルギーに包まれています。星々や銀河、他の天文的な物質が誕生し、発展し、そして消滅するあいだには、膨大な量のエネルギーが生みだされます。宇宙線、ガンマ放射線、X線、紫外線、可視光線、赤外線、マイクロ波、電波――これらはまとめて電磁エネルギーと呼ばれています――は、わたしたちが知ることができる限りの世界の内側も外側をもあまねく満たしています。電磁エネルギーはさまざまな形をとって現れますが、その振る舞いが波のように見えようと、粒子のように見えようと（参照→P.33）、共通している2つの特徴があります。どの電磁エネルギーも光速で伝播し、互いに直角をなして震動する電気的要素と磁気的要素から成り立っているのです。

便宜上、電磁エネルギーは、波の形で伝播すると考えられています。後に続く波と波のあいだの距離は波長、1秒間に波が震動する回数は周波数と呼ばれています。これらの規則は簡単です。エネルギーの波長が長くなるほど、周波数が低くなるのです。

電磁スペクトル
電磁スペクトル（下）には、宇宙線から電波にいたるまでのエネルギーが含まれています。それらは、波長の長さによって順に並べられ、単位にはナノメートルを用います。1ミリの百万分の1が1ナノメートルです。可視光線のスペクトルの範囲は、紫色の端の380から赤色の端760ナノメートルまでです。

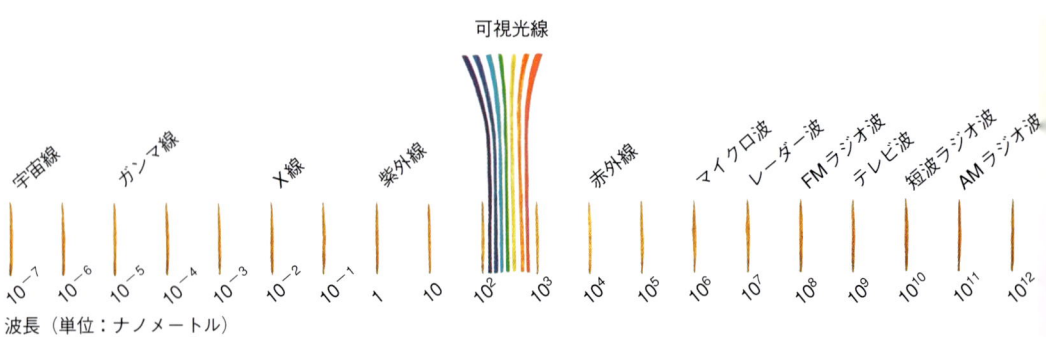

訂正：図中の「可視光線」の部分は、並びを逆にしたもの（左から紫→赤）が正しい図版です。

36 THE SCIENCE OF COLOUR

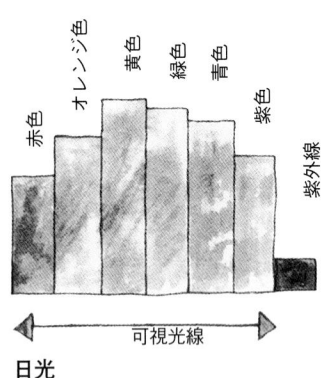

日光

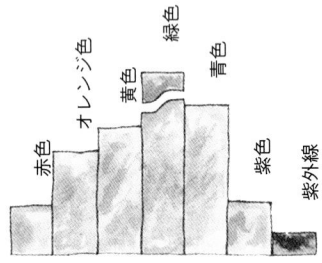

蛍光灯

蛍光灯から発せられる光のスペクトル（上）は、青味の光に偏り、均衡が取れていません——赤に比べ、青や緑、紫外線の量が多くなっています。

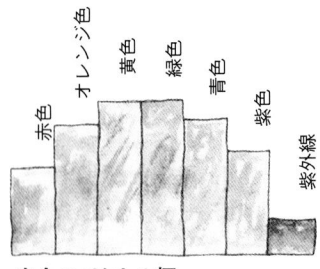

完全スペクトル灯

完全スペクトル灯から発せられる色のバランス（上）は、日光とよく似ています——含まれている赤、青、緑の比率がおおよそ同じです。

どのような形態をとっていても、電磁エネルギーはすべてスペクトルの中のどれかに分類されます（参照→P.34）。宇宙線は、最も短い波長と高い周波数を持ち、含まれるエネルギーも一番強力です。したがって、生物にとっては最も有害な電磁波です。逆に、スペクトルの反対側の端にある電波は、最も長い波長と低い周波数を持ち、エネルギーも一番弱くなっています。

色と波長

人間の目が認識できるエネルギーの帯域は狭く、電磁スペクトルの大体中間あたりに位置しています。この可視エネルギーの波長は、紫色の端の380ナノメートルから、赤色の端の760ナノメートルの領域です。わたしたちの目は、このエネルギーの帯域における波長の微少なずれをとらえ、（赤・黄・青などのように）特定の色として認識します。一般的に、それらは普段わたしたちが見慣れているスペクトルなのです——赤色は最も長い波長と低い周波数を持ち、エネルギーも一番弱く、一方で紫色は最も短い波長と高い周波数を持ち、一番強力なエネルギーを持っています。

可視波長域の赤色の外側には、より長い波長を持つ赤外線（熱として感じられます）、マイクロ波（電子レンジに使われています）、それにテレビやラジオの信号を送るために用いられている電波があります。紫色の外側には、紫外線（日焼けや、体内でのビタミンD合成に深く関わっています）、X線、ガンマ線、宇宙線があります。

完全スペクトル色

日光のエネルギーは、紫外線から可視スペクトル、赤外線に至るまで、すべての色の波長を大体まんべんなく含んでいます。これは、完全スペクトル白色光として知られています。わたしたちは、物体が反射した光の波長を目で判断し、色を感じます。たとえば、青い花瓶は白色光があたると青色のみを反射し、それ以外の構成色をすべて吸収しています。

春、日光に照らされた庭の草や葉は、若い枝の明るい黄色がかった緑から、より生育した植物の濃い緑まで、さまざまな色合いの緑を見せてくれます。それぞれ異なった色調の緑が、同様のパワーと生気を発しているという事実は、日光が偏りのないスペクトルを持ち、緑の波長すべてをそれぞれほぼ等量含んでいるということを示しています。

日光とは異なった、色のバランスが取れていない人工照明のもとで長い時間を過ごす生活は、身体によくありません（参照→P.20）。

ものを見るには事欠かなくても、自然光を充分に浴びないと、速やかに病気となってしまいます。これは、日光の量が不十分な冬になると、鬱状態となるSAD（季節性情緒障害）という病気にかかる人がいることでも証明されています。スペクトルが偏った人工光にあたりすぎても、同様の症状が現れます。ですが、完全スペクトル灯（紫外線も発せられるようにしたものも多くあります）を使えば、SADになるのを防ぐことができます。

色彩療法には、カラー・フィルターを装着した完全スペクトル灯を使わねばなりません。フィルターは、石英を原料に金や銀、酸化銅で色をつけたもので、これによって、正確に全スペクトル色を作りだすことができます。金は赤色を、銀はサファイア・ブルーを発色させ、銅は石英をオレンジにも、黄色にも、また青色やターコイズブルーにも染めることができます。そうして光をフィルターに通すと、望む波長、周波数、エネルギーを持つ色を自由に作りだせるというわけです。普通の人工照明光は、一部の周波数が他より強いので、同じような効果は期待できません。たとえば、冷たい感じの白色光は赤と紫が弱く、そのあいだの色は強くなっています。それ故に、その光源の前に赤いフィルターを置いて得られる光は確かに赤いのですが、効果のある周波数域が欠けているのです。

電磁スペクトルを発展させる

科学者たちは世の神秘を追及するうちに、研究対象をより小さいものへ、小さいものへと分けていきました。これは、世界・天地万物はひとつであるという、エレガントで明快な事実に逆行するものです。ところが、近年統一場理論が発達し、科学者はより全体論的な方針に立ちもどって、現象を理解しようとする動きになってきました。

カラー・プラクティショナーは、光・音・物質を関連づけ（参照→右）、電磁スペクトルについてそれまでとは異なったとらえかたをするようになりました。それはつまり、光も音も物質もすべてエネルギーが顕現化したものであり、中には電界や磁場を持つものもあれば、持たないものもあるという考えかたです。

音楽が、すべての音が互いに特別な関係にある和声的音程を生みだすように、命あるものはすべて、調和の取れた関係を保っています。この調和は、植物に明確に顕現化されています。たとえば、タンポポの成長のしかたを観察してみてください。これらの葉は、ある法則に従って中心から伸びています。葉どうしの間の長さを測ると、1：1.6181という比率になっていますが、これは、「黄金分割」

闇から形にいたるまで

発展電磁スペクトルでは、まず暗闇から高エネルギーで周波数の高い宇宙線が出現し、続いてガンマ線、X線、それから周波数の低い電波にいたるまで、全スペクトルが現れます。この後エネルギーは、電磁気的な性質を失い、音の形を取ります。そして、最後にエネルギーは、分子や原子のレベル——物質や形の世界——で震動します。こういった光・音・形が闇から発現するようすを図示すると、下図のような発展スペクトルになります。それぞれの位置は、"黄金分割"（参照→P.38）という比率によって定められています。

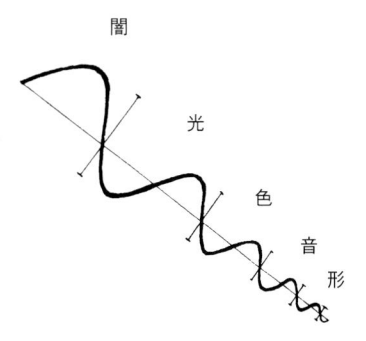

として知られている比率なのです。13世紀初頭、フィボナッチ（1170〜1250）というイタリアの数学者は、植物や動物、人体の構造にも、明らかにこの「黄金分割」の比率が存在することを見いだしました。この比率は、現在フィボナッチの数列（参照→第5章）として知られている数列にして、初めて世に示しました。自然の中にこういうパターンが見られるということは、見えるものも見えないものも、あらゆる形のエネルギーが互いに関係しあっている、という証拠です。

光と顔料

　カラー・プラクティショナーは、治療の際、色光と物体色の両方を用いますが、より高い効果を持つ色光の方が重要視されています。色光と顔料（塗料、染料など）は、それぞれ混色する状況によってその特性が異なります。原色とは、他の色を混ぜていない純色のことをいいます。この点で顔料の原色は、光の原色とは異なっています（参照→P.38〜39）。

赤、緑、青は、光の3原色です——各色を等量ずつ混ぜあわせると、白色光ができます。光の色は、"加法"的とされています。なぜなら、これら3色によってスペクトルの全色を作ることができ、しかもそれらをすべて混ぜると、白色になるからです。原色をふたつ混ぜると、第2色ができます——赤と緑を混ぜると黄色が、赤と青を混ぜるとマゼンタが、緑と青を混ぜるとシアン（ターコイズブルー）ができます。

LIGHT AND PIGMENT 39

顔料の混色

赤、黄、青は顔料の3原色で、これらは他の色を混ぜて作りだすことはできません。これらの原色を混ぜると、照射された光をすべて吸収してしまうため、黒く見えます。それは、赤い顔料が光から赤以外のすべての波長を吸収し、赤の波長を反射する一方で、黄色い顔料が黄色以外すべての波長を、青い顔料が青以外すべての波長を吸収するからです。
原色の顔料を2色混ぜると、顔料の第2色ができます——赤と黄を混ぜるとオレンジが、赤と青を混ぜると紫が、黄と青を混ぜると緑ができます。

補色

右図のカラーホイールに示したスペクトルの8色は、それぞれ補色どうしが向かいあわせになっています（参照→P.40）。たとえば、ターコイズブルーは赤の補色ですし、黄は紫の補色です。
健康には、身体中のバランスを保つことが不可欠なので、療法を行う場合は、必ず補色どうしをペアにして使います（参照→第6章）。

全体性と相補的対比物

　一般的に、わたしたちはこの世界のあらゆる事物や存在を分類しようとしますが、そのせいで、全体的な見かたができなくなっています。ところが、すべてはこの全体性から生まれいずるものなのです。とかくわたしたちは、お互いの差異をとりあげる傾向にありますが、それよりも、わたしたちがどこに属するのかを理解することによってのみ、人間は全体的な感覚を取り戻せることでしょう。

　磁石のN極とS極、男性と女性、光と影、陰と陽というように、あらゆるものには相対（あいたい）するものがあります。ふたつの対極は、二等分にされた片割れどうしのように、互いを補いあい、完全性を生みだします（参照→右ページ）。さらに、片一方はそれぞれその中に、潜在的にもう片方の要素を持っています。つまり、男性は女性的な面を、闇は光の可能性を内包し、陽は陰を必要とします。

　色にも相対するものがあり、これを補色といいます。赤は青緑と、黄は紫と、青はオレンジと補色として対になっています。ところで、この例ばかりではなく、どんな色にも必ず補色があるということは、ぜひ覚えておいてください。残像現象で見えるのが補色です。30秒ほど赤い四角を見つめてから、白い壁に視線を移してみてください。赤の補色である青緑色の四角が見えるはずです。さらに、この残像の性質は、身体や身体を取りまく色を見るにあたって、非常に役に立ちます（参照→第4章）。

補色の重要性

　補色は、その反対の色を際だたせて見せる効果があります。補色どうしを隣り合わせて並べたときに、そのコントラストは最大になります。光の場合、補色の関係にある2色を混ぜると、互いに干渉しあって白色が生まれます。たとえば、青色とオレンジ色のライトを重ねると、白色光になります。

　色彩療法に用いられる8色のスペクトルでは、赤とターコイズブルー、オレンジと青、黄と紫、緑とマゼンタが補色どうしとなっています（参照→P.39）。赤、オレンジ、黄は暖色で磁気的な色、ターコイズブルー、青、紫は寒色で電気的な色です。この場合、マゼンタと緑はニュートラルな色です。色彩療法の中でも、相補性は非常に重要な側面です。健康な身体には、補色どうしが等量分だけ含まれていますので、色のバランスが取れていれば、よい健康状態にあるということになります。軽い病気だからといって補色のバランス効果を考えずに治療すると、悪化させる危険があるのです（参照→第6章）。

COMPLEMENTARY COLOURS 41

対比色の相互作用

日光のもとで、上図の中心にある白い円をじっと見つめてください。そのうち、青い部分と白い部分のあいだがちかちかし始め、絵が動いて、虹色が図の上に広がってくるように見えてきます。相対する色をふたつ並べると、スペクトル全色を作りだすことができるのです。

このページをコピーして、実際の対比色である白と黒の図にすれば、より高い効果を得ることができます。

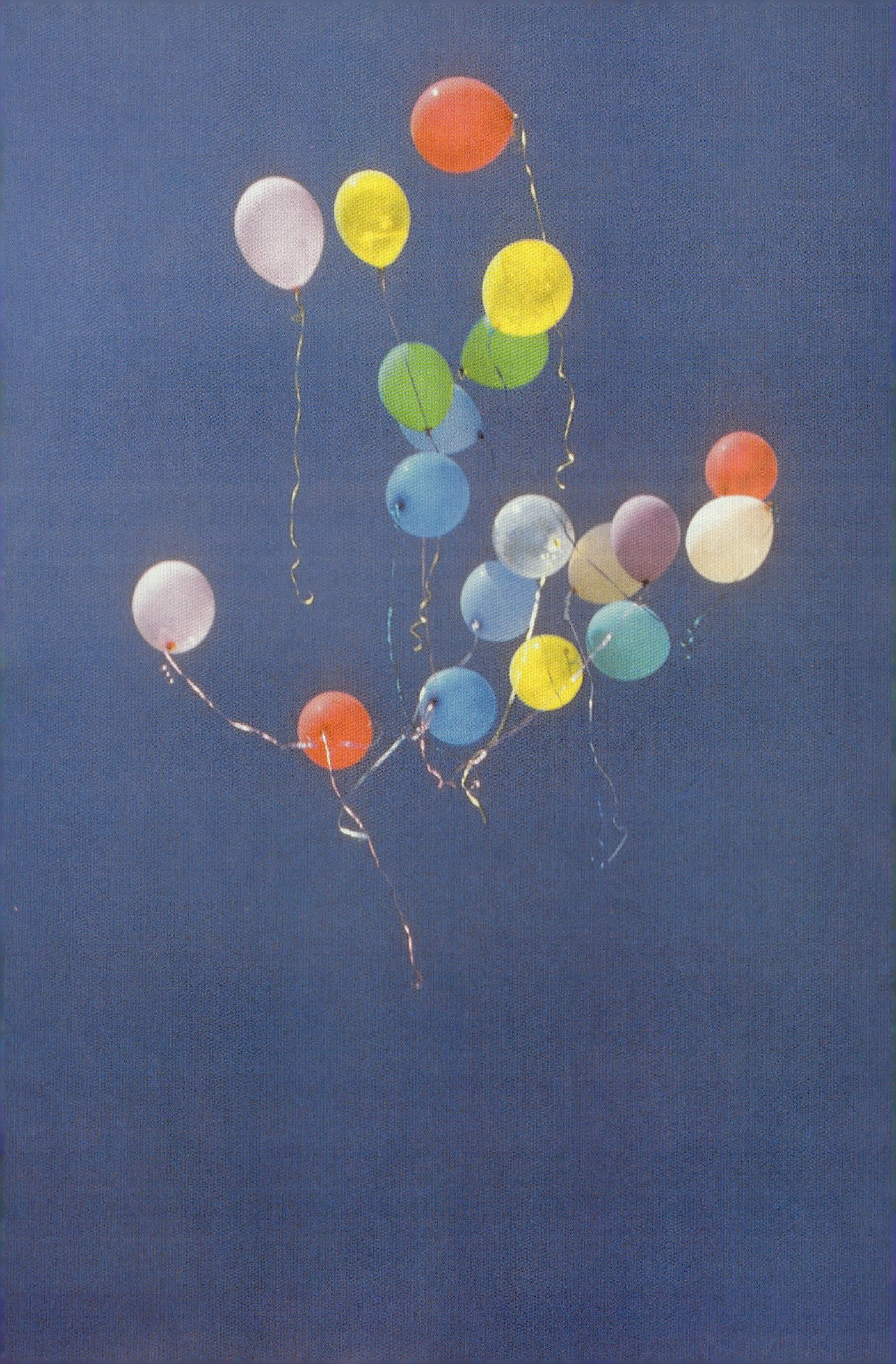

CHAPTER THREE

色の効果を
体験する

feeling the effects of colour

人間も、人間を取りまく森羅万象も、色に反応する能力を持っています（参照→P.20）。この類似性によって、人間は岩やミネラル、ビタミン、分子、原子——ありとあらゆる固体、液体、気体——と結びつけられているのです。有機物や無機物などのすべての物質は、周波数全域の電磁波を感知します。ということは、万物が光の電磁気と、光を構成する色に反応を示す、ということになります。

本章では、心（直感、感情）、精神（脳、知性）、身体と五感を通して、わたしたちがどう色に反応するか、またどうすれば色に対する感性を鋭敏にすることができるかを探ります。色は、わたしたちの感覚すべてを巡りますが（参照→下図）、まず心——直感を司るところ（参照→P.100～101）——の中で起きる感情的な反応によって受けとめられます。ある状況や出会ったものに対し、感情的・直感的な反応が起こると、脳によって知性が活性化されます。こうして、

感じ、考え、行動する
この図（右）は、直感と知性が反応し、それによって肉体的な行動がひき起こされるという、終わりのないサイクルの一部を表したものです。左から経路をたどっていくと、まず心が感情的な反応を示し、次に、ここでは冠で表される知性が反応を示します。冠は完全性の象徴ですから、この場合は、わたしたちの思考は完全であるという意味あいを感じとることができます。もっとも、思考は完璧に行動に移されるわけではないようです。
知性は、ここでは四角で表される身体の反応をコントロールします。四角は、はっきりと目に見える形で現れたエネルギーの象徴なのです。
このサイクルでは、心、精神、身体の反応のバランスが終始保たれています。

第1の反応は知性によって分析され、それによって次に全身が反応するのです。ルドルフ・シュタイナーの哲学では、この反応パターンは、"感じ、考え、意志する"と要約されています。

　直感的な反応に従うことを学ぶと、色に対する感性を鋭敏にし、色の効果を最大限に活用できるようになります。これはすなわち、色を扱う潜在能力を伸ばすということです。視覚化や呼吸法、運動などのテクニックを練習すると、色に対する認識が深まり、望むままに色をうまく思い浮かべられるようになるでしょう。

色について本能的に知っていること

　わたしたちは、まず子宮の中で色を感じます。幼児期では、色からの連想に助けられて物体を意識するようになります。成長するに従い、わたしたちは色についての経験に感情や記憶、意味を結びつけますが、これによって、色は潜在意識における重要な要素となります。やがて特定の色に関して、楽しいとか、悲しいとか、恐ろしいとか、いろいろな経験が連想されるようになると、それによって色の好みが形作られるわけです。

　色に関する感情は、強く記憶──体験したできごとや人間、場所などの──と結びついていますから、わたしたちは、その枠内で世界を見ているといっても過言ではありません。わたしたちの記憶や感情には"色がついて"おり、わたしたちと外側の世界とのかかわり合いが映しだされているので、色の心理学は、こういう事実をもとに構成されています。わたしたちは、色から肉体的・生理的に強い影響を受けていますが、同様に心理的、感情的、精神的にも左右されているのです。

　わたしたちの心は、想念の色によって満たされるのです。色に対する反応は、わたしたち自身の経験によって培われた、もしくは昔から言い伝えられている心の深部に根ざす連想によって支配されています。"ふさぎこんでいる（アイ・フィール・ブルー）"という慣用句は、悲しみと青色を結びつける学習的な連想ですし、"激怒する（スイー・レッド）"は、赤色と怒りの深い関係を表しています。こういう云い回しがあるということは、わたしたちが直感的に、感情に対してそれを表現する色を結びつけている、という証拠ではないでしょうか。自分で体験したものも、過去から受けついだものでも、色に対する反応は世界中どこでも驚くほど似通っています。これは、色には普遍的なイメージが存在することに他なりません。そしてそれは、わたしたち人間が生まれながらにして持っている、地球とのきずなの一部なのです。

こういった直感的な感じかたをそのまま受けいれるのは難しいものですし、現実の生活の中では穏やかに思考を巡らす機会はほとんどないため、わたしたちは直感力を存分に伸ばすことができないでいます。文明社会では、経験や知識の積み重ねで、いろいろな点において、直感力は抑えこまれているのです。もしも、あなたが色に対する意識を高めたいのなら、リラックスして黙想するのが一番です。黙想すれば、自分の感情をはっきりと意識できるからです。そして、自分の心に浮かんだことをそのまま信じることもできるでしょうし、それらがきっと重要で価値あるものだと悟るはずです（参照→P.49〜57）。第一印象を分析したり、知的判断によって直感を押し込めたりせず自由に心を泳がせれば、出会いや体験に対する直感的な感応力を強めることができるのです。

図形はどのように色の力を増幅するか

カラー・プラクティショナーは、色を特定の形と組み合わせて、つまり図形にして使います。形が色の意味を強めるからです。脳の中で、論理を司る左半球（左脳）は形に注意を集中し、より創造的・直感的な右半球（右脳）は、色自体がもたらす感情的なインパクトに反応を示します。

色を特定の形と組み合わせると、右脳と左脳をともに働かせることになります。つまりこれは、意識と無意識をひとつにして反応させられるようになるということです。色にはそれぞれ、独自の形——その色の持つ固有のエネルギーを強めて最大限に引き出し、また色のナチュラルな入れ物となる——があります。各色の持つ形は、それぞれの色が対応しているチャクラで働くエネルギーのタイプに適合しています（参照→P.64〜65）。この形の持つ意味は、プラトンの立体（正多面体）とも内部エネルギー的な関係があります（参照→第5章）。

色と五感

五感は、それぞれ外の世界の情報を脳に伝え、脳は受けとった情報を処理して意味を解釈し、表層意識へと伝えます。五感は色の影響を強めますが、同様に五感の感覚も色によって強められているのです。昔から五感はそれぞれ、霊的な意味あいによって特定の色と象徴的に結びつけられてきました。

色と形
47ページの左の列の各色を見てください。どんな感じがしますか？ 次に、形を与えられた色が並ぶ右の列を見てください。形によって、あなたが色に抱いた感じが強められましたか？

COLOUR AND FORM 47

形のない色

マゼンタは、もっとも純粋な霊的エネルギーの色で、あらゆる心配ごとや悩みごとから解きはなってくれます。解放という、男女の性の差を超越した色です。

紫は、自尊心や品位を高める色で、深くはかりしれない感じを与えます。女性的なエネルギーを持っています。

青は、平和・鎮静・率直といったエネルギーを与えます。女性的なエネルギーを持っています。

新鮮さと清潔を表す色です。涼気で春らしい印象を与え、春に咲く花の葉のような色をしており、女性的なエネルギーを持っています。

緑は自由な感じを与えます。緑はスペクトルの中心にあり、バランスを表す色です。男性と女性の両方の性質が等しく含まれています。

黄色は、不安定な感じを与えます。"漂ってどこかへ行ってしまう"感じがするので、錨が必要だという思いが強められます。黄色は、識別力・判断力を高め、男性的なエネルギーを持っています。

橙は、赤と黄が調和した色です。喜び・運動・躍動の色で、男性的なエネルギーを持っています。

赤は、覚醒・エネルギーを表します。今現在の状態を意識させます。"縮小"の男性的なエネルギーを持っています。

形と組み合わされた色

完全性を求める向上心を表します。神聖幾何学における完璧さのシンボルです。

まだ開く途中で、これから精いっぱい咲こうとしているつぼみを守ります。

"上が開いた"台形におさめられた青は、鎮静効果を一層高めます。この形は、聖杯に似ています。エネルギーを注ぎだそうとしている感じを受けます。

三角がエネルギーを下に集中させているので、緑の円の中に入り込んで上を向いた黄色の三角と融和したがっているように見えます。

円によって、調和のとれた感じが強められています。形の中全体で力の均衡が取れているので、縮むようにも広がるようにも見えません。

上を向いた三角が持つエネルギーによって、色の不安定さが強められ、落ちつかない感じがします。

この形は、躍動するような感じを与えます。"飛びだしてくる"ように見えることもあります——ところが、動くように見えるのは、人間の視覚のせいなのです。

厳密・安心、理路整然とした状態・やるべき仕事といった感じを与えます。直角は、論理的な角度なのです。

五感	色	星座	宝石	元素
視覚	赤	牡羊座	オニキス	火
聴覚	黄色	双子座	ゴールド・トパーズ	気
嗅覚	緑	水瓶座	ルビー	水
味覚	青	魚座	サファイア	土
触覚	紫	天秤座	アクアマリン	エーテル

視覚

　五感の中で、最も敏感に色を知覚するのが視覚です。視覚は、肉体的なレベルで強い影響をもたらしますが、これには赤色が関係しています。赤は、"たった今"の状態を認識させ、"しゃきっとする"のを助けます。一般的に、赤は収縮するように見えます。"激怒する（スィー・レッド）"という言葉は、怒りで収縮・緊張している状態をさしているのです。

聴覚

　目を閉じて、視覚の強い影響をシャットアウトすれば、聴覚能力が高められます。こうすると、音楽や話し声の色をイメージする感性が磨かれることとなります。同様に、色によって非常に強い興奮を引き起こされると、それは音として感じられることすらあります。音は、人の体験に"光を投げかける"ことができますし、知性に働きかけて、視覚から得たイメージを消す作用があります。聴覚は、気の元素や黄色と関連しています。色の持つこういった象徴性を見ると、いかにわたしたち自身と元素、惑星とのエネルギーのあいだに、色彩の深い因縁のあることがわかるでしょう。

嗅覚

　においや香りは、生活環境に変化が起きつつあるということを示します。それらは、エネルギーどうしが反応するか、化学変化が起きているときに発生するからです。嗅覚は、変化が起きた後の平衡点を意味する緑色と関連しています。ところで、脳の嗅覚を感じる領域は、脳の中でもごく初期に進化した部分のひとつです。これによって、少なくとも部分的には、なぜにおいが鮮明な記憶を甦らせたり、幼児期

音を使って光を生みだす

ドルイド僧（古代ケルト人の僧）たちは、色と音の関連を熟知していました。彼らは、冬至になると3日間洞窟にこもるのですが、3日目になると、どの洞窟も光と音で満ちあふれんばかりになります。ところが、洞窟には音源も光源もないはずなのです。ドルイド僧たちは、祈りの言葉をくり返し唱えることで、美しいハーモニーの全スペクトルを生みだし、そしてそれによって、光の全スペクトルを"導きいれる"意識状態が作りだされたのです。

の色による連想体験を呼びさましたりするのか説明がつきます。

味覚
　おいしい食べ物や、香り高い飲み物を味わう体験は、開放的な側面を持っています——我を忘れ、感覚に対して無防備になるからです。この開放感は、リラックス感をもたらす青色と関係があります。水を太陽光線にさらすときに青を用いれば、味がよくなります（参照→P.116）——青いグラス（もしくは、青いフィルターでまわりをおおったグラス）に入れ、たった30分から45分ほど太陽の光にさらしておくだけで、水は甘くなるのです！

触覚
　本来、人は手で触るとき、触感以外のものも伝えることができ、ヒーリング効果もあるのです——心を込めて触れると、霊性と関係する、目には見えないエネルギーである"尊厳"をもたらすことができるからです。このように、触覚はより高いレベルの意識と関わっているため、紫色と結びつけられています。目が不自由な人は、時どき、物体表面上の空気の密度と温度を感じとって色を判断することができます。この"離れて触る"方法によって、視力の弱い人でも色のある世界に住むことができるのです。
　たとえば、誰かをマッサージするときに紫色を思い浮かべると、相手をふわりといい気持ちにさせることができます。あなたは、やがてその施術過程で果たしたその色の役割が、マッサージの効果を高めていることに気づくでしょう。

色に対する反応を敏感にするには
　色に対する心・精神・身体の反応がどのようなものか、また五感全部が色の認識にいかに役立っているかがわかったところで、色彩感覚を高める実際的なテクニックに進みましょう。色のヒーリングパワーを実際に使うための準備として、50ページから57ページに説明されている視覚化、呼吸法、それに運動を実践してください。またこれらは、101ページのチャートに記されているヒーリングテクニックにも応用できます。
　このプロセスにおける予備ステップとして、色に接する機会を増やし、色への反応を鋭敏にしておかねばなりません。それにはまず、以下のページで説明するエクササイズを行ってください。また、友人か学校の友だちとグループを作り、色を選んでその印象について話しあってみてください。色から連想されるイメージをかためてはっきりさせれば、そ

色について話しあってみましょう

大抵の人は、まず赤色と青色について話しあいを始めるのが最適です。赤と青の効果は明確に異なっていますし、大体において青と赤の印象は鮮明で、イメージも喚起しやすいからです。輪になって坐り、まず赤色について話をはじめてみてください。このとき、赤色を目にする必要はありません。心に思いえがき、会話をしながら色を"身体にしみこませ"てください。それから、自分の経験や感じたことを簡単に語りながら、色による連想を広げることに集中します。次に、グループの他のメンバーが語る色の印象に耳を傾け、その意見を自分の中に取り込みます。

しばらくすると、会話のスピードは速くなり、不安にかられて興奮しているように、グループのメンバーが緊張し始めたのに気づくでしょう。息づかいは浅くなり、きっと落ちつかない気分になっているはずです。

また、今度は青色について話しあうと、無気力・無感動・倦怠といったような反対の効果がもたらされます。メンバーの話しぶりは緩慢になり、深くゆっくりと呼吸するようになり、色から何かを思いつくまでの時間が長くなります。そして、時間が過ぎるのが遅く感じられ、おしまいには、皆ディスカッションをする気力を失ってしまうでしょう。

れぞれの色の性質をより深く理解できるはずですし、また色によって、どんなふうに感情が変化させられるかを実感することでしょう。

色の視覚化

色の視覚化のテクニックを用いれば、色に対する感性をさらに高めることができます。視覚化テクニックは、色彩呼吸法のエクササイズ（参照→P.54）と組みあわせることもできます。また、さらにはそれぞれの色から受ける感じを表現するときに役立つ動作（参照→P.56～57）と合わせることもできます。これらによって色との親密感が増せば、最終的には人間のオーラ（参照→第4章）を見る能力の基礎ができるばかりでなく、それぞれの色のエネルギーを感知して、自在に望むヒーリング効果をあげることができるようになるでしょう（参照→第6章）。

一般的に、視覚化のために心の目を使うと、たとえばネガティブな想念——心の中に長年わだかまりを抱えていると、慢性化した緊張状態が作りだされますから、加齢プロセスが助長されがちです——を中和させる効果があります。したがって、原則的に視覚化は、ポジティブな考えを強めるために使ってください——こうならなければいいということよりも、こうあってほしいということを思い描くのです。

視覚化は、親しみにくいテクニックかもしれません。どうも妙な感じがしたり、日常的なことがあれこれ浮かんで、イメージがまとまらない場合もあるでしょう。そこで、色彩の視覚化を行う前に、まず簡単なリラックス法（参照→P.53）を行ってください。そうすれば集中力が増し、より鮮明にイメージを思い浮かべることができるはずです。リラックスすると身体が積極的に色を吸収するようになり、ヒーリングを行う際も効果が高まります。

深紅色からごく淡いピンクにいたるまで、あらゆる色調の赤は力と生命力を表し、活気と刺激を感じさせます。赤いバラ（右ページ）は、精神と肉体両方の愛のシンボルです。

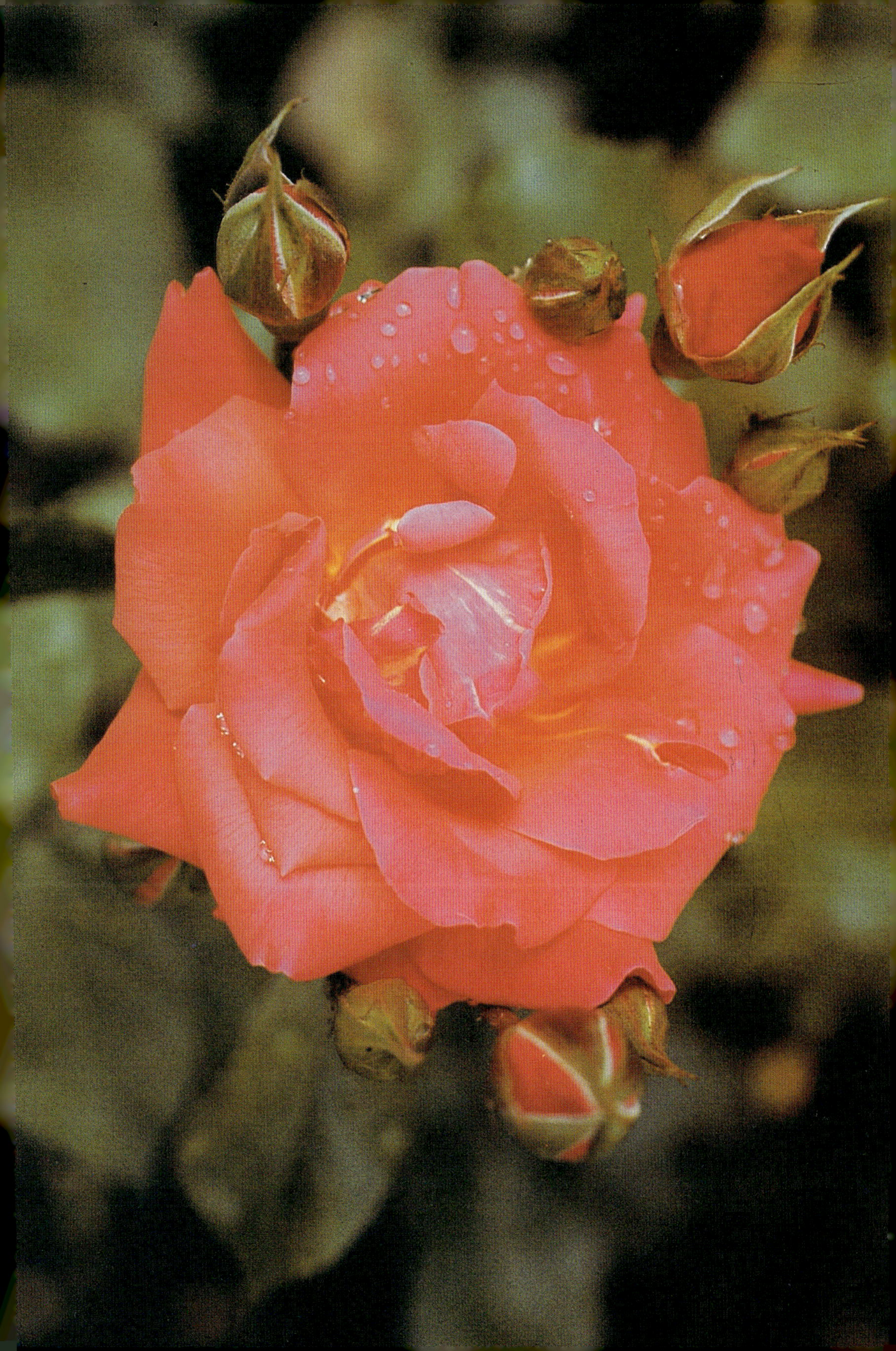

簡単にできるリラックス法

床に仰向けに身体を横たえます。身体はまっすぐにし、あごを引きます。脚を少し開き、腕は手のひらを上に向けて脇に置きます。気持ちをリラックスさせ、心に浮かんできたものは美しい風船を放すように宙に漂わせ、そっと消散させます。それから、身体に気持ちを集中させます。頭の方から足に向かって、順々に各部分を思い描いていってください。徐々に緊張をほぐしながら、リラックスしていく感じを味わってください。リラックスできたら、息を吸い込みながら腕を頭の上に持っていき、身体全体を伸ばします。

次に、息を吐きながら腕を身体の脇に戻します。この過程を2回ずつ繰り返してください。それからゆっくりと横になって、身体を起こします。

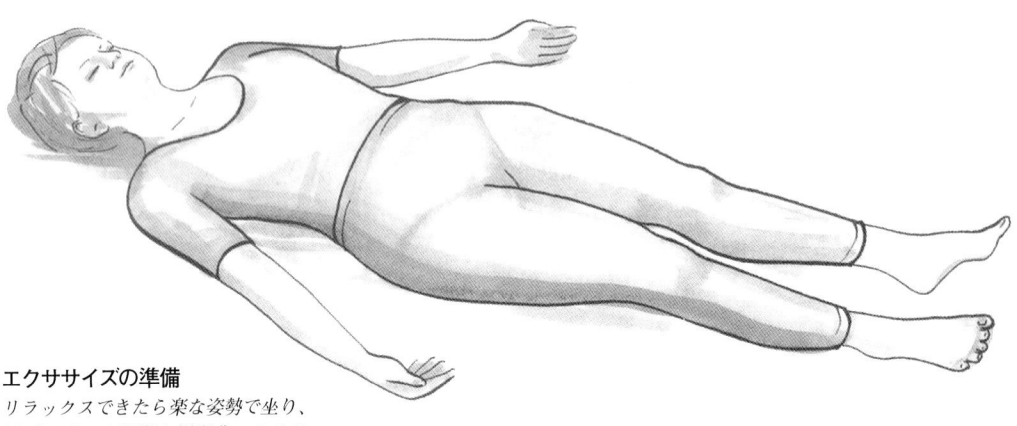

エクササイズの準備

リラックスできたら楽な姿勢で坐り、以下に述べる簡単な視覚化エクササイズを行います。このエクササイズに使う色は、何色でもかまいません。（参照→P.54）。下記は、青色と補色のオレンジ色を用いた視覚化の一例です。

簡単な視覚化

ゆっくりと息を吐きだし、目を閉じます。それから静かに息を吸い込み、あなたは"青い湖のほとりに坐っている"と想像してください。見上げると、空も真っ青です。そして今度は息を吐きながら、鮮やかなオレンジ色をした大輪のマリーゴールドを見ているところを思い浮かべます。青がもたらす静けさが、身体を満たすのを感じてください。

このエクササイズを何度かくり返し、しばらく静かに坐った状態でいてから立ちあがります。呼吸法は、54ページにより詳しく解説してあります。

視覚化——瞑想

色彩視覚化を一段階進めるために、内なるストーリーにそって瞑想してみましょう。53ページに、例となるストーリーを挙げておきました。ストーリーを覚えるか、友人に読みあげてもらってください。自分でストーリーを作ってもいいでしょう。

この視覚化は、"身体から抜けだして"旅をする方法だと考えてください。したがって、とりかかる前に、無事に戻ってこれると確信していることが大切です。このためには、リラックスして（参照→上）背筋を伸ばして坐り、あたりの空間を見ます。目に映った色や形を頭に刻み込んでください。そして、その空間に守られていることを感じ、視覚化を行ったあと、そこに戻ってこようという気持ちをしっかりと持ってください。

ゆっくりと息を吐いたあと、目を閉じ、心の目で以下のストーリーを追います。

ストーリーの終わりまできたら、深呼吸をして、意識を身体の中に戻します。それから頭の中に、目を閉じる前に見ていた光景を浮かべます。

最後に光の十字と、それを囲む光の輪を思いえがきます。そして、8つのチャクラ（参照→P.65）を思い浮かべ、頭——頭頂チャクラ——の方から、先程の光の輪と十字が黄金の鍵となって、順々にそれぞれのチャクラを「閉める」行程を心に描きます。こうすることで、深い瞑想から普段の意識に戻るショックをやわらげるのです。

内なるストーリー

"ある晴れた午後、わたしは市場に足を踏みいれる。市場は奇妙なほど人影が無く、誰もわたしを見ようとはしない"

"わたしは、広場の端にある教会に引きよせられるように近づく。ドアを開けると階段が深い地下室に続いており、そこでは永遠の赤い炎が祭壇の前に灯されている。わたしはその赤い炎の力、穏やかなパワーに身を任せ、しばらくそのままその活力溢れるエネルギーを感じていることにしよう。父なる神のイメージが心に浮かびあがる"

"しばらくしてから立ちあがり、短い階段を昇って広間へ出ると、オレンジ色の明かりが灯されている。そこでは、たくさんの人々が踊ったり身体を動かしたりして、部屋は喜びと笑いに満ちている。わたしは、一人ぽつんとそれを見ているが、誰もわたしの存在に気づかない"

"さらに上へと続く階段を昇ると、教会の礼拝堂に出た。丸天井は黄色い光を発している。何もかもがよそよそしい。寂しく、空疎な感じすらする。もうこれ以上ここにはいられない。出口をさがそう"

"祭壇の裏にあったドアを出ると、草原が広がっている。その緑色のおかげで気持ちが落ちついた。そうだ、草の中を歩いて森へ向かおう"

"木陰はターコイズブルーだ。新鮮で純粋で、ありとあらゆる抑圧からわたしを解放してくれる。なんだかなにもかもが、たった今始まったばかりのような気持ちがする"

"森を抜けると、青い湖のほとりに出た。湖の向こうには青い丘が連なっているのが見え、心が安らぐ。わたしはリラックスし、なんともいえず穏やかな気持ちだ"

"ふと湖の向こう岸を見やると、紫色の光に包まれた美しい存在がこちらへ近づいてきた。かつて感じたことのないようなその気高さに圧倒される思いだ。その存在の手の中では、美しいマゼンタの炎が燃えている。炎はなにものにも束縛されていず、密度も実体もない"

"その存在は、大きさを変えないままこちらに近づいてくる。紫とマゼンタが力強さを増すと、わたしの心も高揚し、この存在のみならず、自分自身に対する敬いの気持ちでいっぱいになった。そして今、その存在はわたしの前に立ち、鮮明で美しい言葉で話しかけてきた。『この光をうけ取り、心の中に宿していなさい。これは純粋な愛の光です。過去の重荷は、すべて捨てさるのです』"

"わたしはごくナチュラルに、なんのためらいもなくその光を受けとった。しかし、それでもなお光は、相手の手の中にあった。その存在こそは、わたしのハイヤーセルフだった──純粋で、この世のなんの重荷も負っていない、完璧な愛という存在だ。この愛には、なんのしがらみもない──ただ愛のみの存在だ。『この光をあなたの日々の生活の中でも灯し続け、出会う人すべてに分けてあげなさい』という言葉を残し、その存在は（わたし自身がわたし自身の世界に戻ることを許したように）、湖面の彼方へと下がっていった。でもわたしが必要なときには、そばにいてくれることはわかっている。ただ、『終わりのない世界』という言葉が心の中に響いた"

"わたしの手にある光は湖の青さを貫いて、涼やかで心安らぐ静けさをあたりに伝えた。森の中を歩いて戻ろう──わたしが愛の炎、マゼンタの炎を分けてあげると、木々や潅木が微笑みかけてくる。炎はとても純粋で、明るいマゼンタで、白と見間違うほどだ。わたしはもう一人ではない。緑色の野原を横切ろうとすると、草や小さい花、ウサギが近づいてくる。以前は、こんなことがあるなんて気づかなかった。教会に戻ると一見、黄色い丸天井はやはり相変わらずよそよそしい感じだが、今度は黄金のように輝き、わたしの炎の光を吸い込んでいる。わたしは、オレンジ色の広間に降りていき、近寄ってきた人々に純粋なマゼンタの炎を手渡した。そして、今や誰もがひとつずつ炎を手にしている。わたしはそのときこう言うのだ。『どうぞ、いつもだれかに炎を分けて上げてください。それでなければ、炎は消えてしまうのです』こんな喜びにあふれ、愛の光とともに踊ることのなんとナチュラルに振る舞えることか"

"地下室に降りていくと、そこではわたしたちの存在の根底にある、生命エネルギーの赤を受けとることができた。わたしたちはそれを通じて、はじめて地球とその生命を守る未来の子どもたちを生みだすことができるのだ。そのとき不意に、マゼンタ色をした愛の炎が手の中からあふれ出して、身体のあらゆる細胞に浸透していることに気づいた。身体中の隅々まで、あますところなくこの愛の炎によって満たされている"

"わたしは遠慮がちに、だが誇らしい気持ちを抱いて階段を上り、露店で賑わう市場に入っていった。そして、店を開いている人々一人ひとりのところに近寄って、その愛の光を分け与えた。そしてそのとき、わたしの手の中にある光を中心に、あたり一面が輝きに包まれていることに気づいたのだ。炎は、分かち合うたびに、より輝きを増していった"

それでは、ゆっくりと普段の覚醒状態に戻り（参照→左ページ）、深呼吸をしてチャクラを閉じてください。

FEELING THE EFFECTS OF COLOUR

あなたは、52ページの簡単な視覚化法を通して、青空のもと、青い水面上（参照→右ページ）で瞑想したときに得られるような穏やかな気持ちを体験できます。

色彩呼吸法

身体に酸素を取りいれて、血液中の二酸化炭素を排出するばかりが呼吸の役割ではありません。呼吸には、霊的なエネルギーを維持し、活性化させる効果もあります。わたしたちは呼吸を通して、身の回りの世界とかかわり続けています。呼吸に集中すれば、雑念を消すこともできます。さらに、リズミカルで落ちついた呼吸は、表層意識や潜在意識を探るための基本でもあるのです。お腹の底から、深くリズミカルに呼吸をしてください。

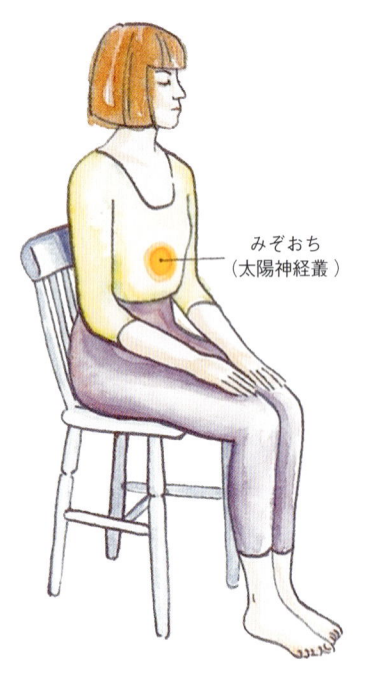

簡単にできる呼吸テクニック

横になってもよいですし、腰かけて力を抜き、背筋を伸ばした姿勢でもかまいません。自分にとって心地よい調子で呼吸をします。意識的に吸ったり吐いたりする時間を伸ばしたり、息を止めたりしないでください。ナチュラルなリズムを心がけ、気持ちが落ちついて、よけいな想念が浮かばなくなるまで呼吸に集中します。心の目に、自分自身のポジティブなイメージを映してください。たとえば、とても気分が良かったとか、楽しかったときの自分の姿を思いだすとよいでしょう。それから、心に色を導きいれてください。

その時、スペクトル全部の色を思い浮かべていっても、ヒーリングの目的によって特定の色を選んでもかまいません（参照→右）。

さて、どの色を使うか決めたら、色がみぞおちから身体に入り、皮膚のすぐ下を通って全身に広がるさまを思い浮かべながら、息を吸いこみます。必要に応じて、身体の特定の部分に色が浸透するようすを想像してもよいでしょう。息を吐きだすときは、その色の補色を思いえがきます。色を選ぶ際は、以下を参考にしてください。

みぞおち（太陽神経叢）

赤：活力がほしいときは、赤を吸いこみます。エネルギーが湧き、性的魅力、勇気、意志力が高まります。それから、ターコイズブルーを吐きだします。

オレンジ：喜び、幸福感、楽しみを求めるなら、オレンジを吸いこみます。そして青を吐きだします。

黄：客観性と知的なパワーを高めたいときに効果があります。そして紫を吐きだします。

緑：気持ちを浄化したり心の安定を得たいとき、また腫瘍ができたときに効果があります。それからマゼンタを吐きだします。

ターコイズブルー：炎症や熱を鎮めるには、免疫システムを強化するターコイズブルーを用います。そして赤を吐きだします。

青：リラックスして安らぎを得たいときは青を吸いこみます。眠れないときにも効果があります。それからオレンジを吐きだします。

紫：自尊心を高め、尊厳や美といった感じを得たいのなら、紫が最適です。そして、その補色となる黄色を吐きだします。

マゼンタ：頭について離れない不快なイメージ・想念・記憶を消したいのなら、マゼンタを吸いこみます。その補色となる緑を吐きだします。

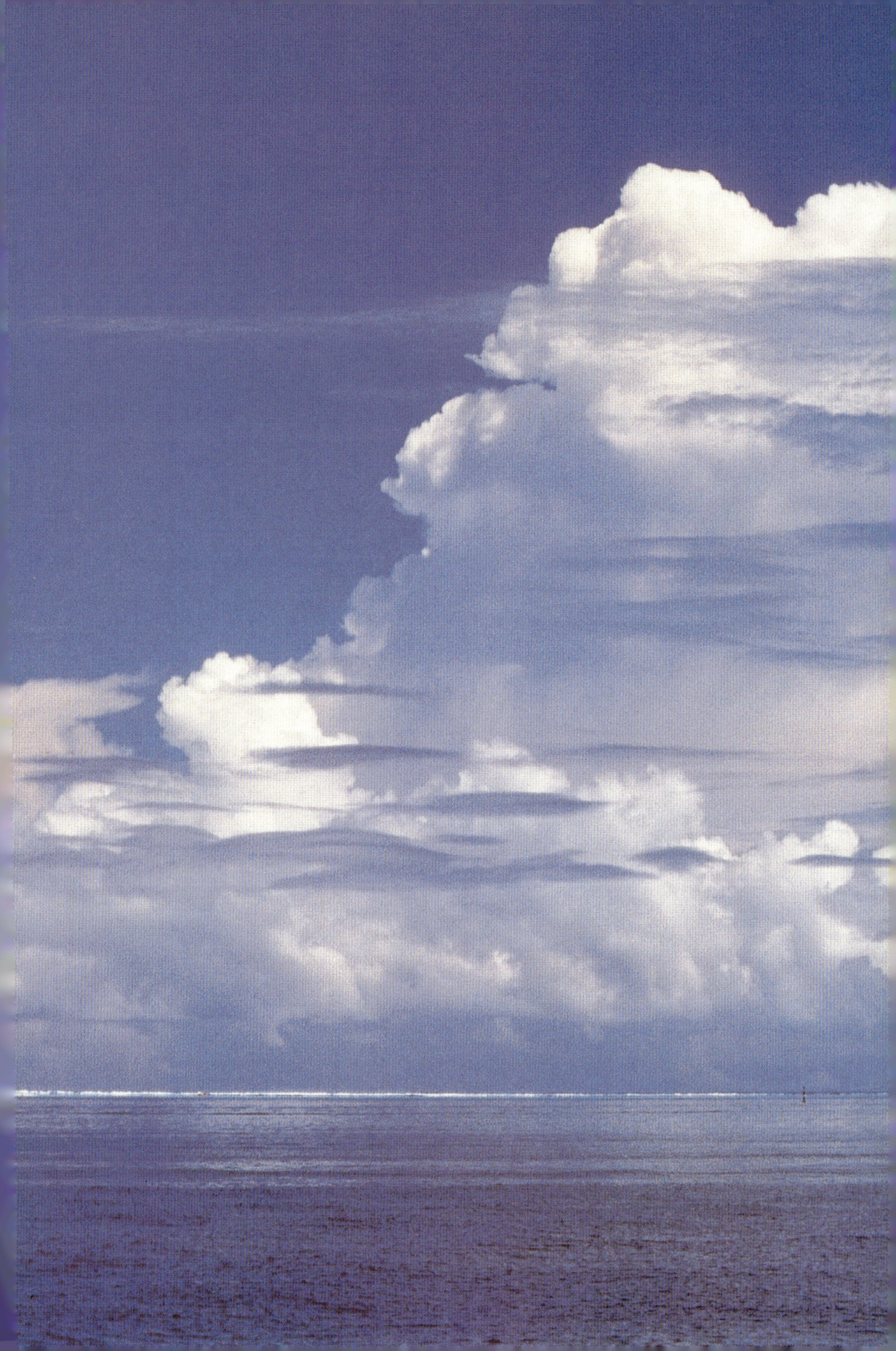

動作

　20世紀初頭にルドルフ・シュタイナーが創造したオイリュトミーの優美な動作には、色彩視覚化に役立つシンプルな動きがいくつも含まれています。オイリュトミーは、もともと舞台芸術として生みだされたものですが、病気を癒す効果もあり、各色から受ける感じを強めるための練習にも使えます。

　これらの動作は、"光"と"闇"から連想される、対極的な感覚から作りだされました。黄色はスペクトルの中でも一番明るく、最も太陽に近い色です。黄色い光を表す姿勢は、太陽へ向かって伸ばすように両腕を広げるという、非常に開放的なものです。逆に、一番暗い色である藍色は、身体を丸めて腕を低く組むというポーズによって表されます。この2つを両極に、他の色にもそれぞれの性質にあったポーズがあります。オイリュトミーでは、ある姿勢を取ったあとも必ず身体を動かしますので、色の姿勢にも静止したままのものはありません。ですから、初めから終わりまでを通した身体の動きや腕の動きによって、初めて色の姿勢を表現したと言えます。

光から闇へと移る動き

まず最初に両腕をあげ、やや広げます。胸からは力を抜き、光を受けとめるように（参照→右図「ポジション1」）"開いた"状態に保ちます。それから、動きやすいようにかかとを浮かせながら片膝を曲げます。膝は、もう片方の脚に向けるようにしてください。同時に身体を前方に折り、腕から力を抜いてできるだけ低く下げ、それから光をシャットアウトするように身体の前でそっと腕を交差させます。この姿勢は、闇の色であるダークブルーを表します（参照→右図「ポジション2」）。

ポジション1　　　　　　　　　　　ポジション2

COLOUR AND MOVEMENT 57

赤

赤は黄よりも暗いのですが、黄より豊富に活力を内包しています。ポジション1からさっと両手を前に下げ、それから勢いよく、しかもスムーズに顔の前に押しだすようにします。赤色は非常にダイナミックな色ですから、動きもすばやくきびきびしています。この動作には"貫く"という、攻撃的とも言える意味合いがあります。したがって、何か問題を"切りぬけ"たいときに効果があります。

緑

緑は、カラースペクトルの中では黄色と青のあいだに位置する色です。そこで、両腕を脇に伸ばし、黄と青の中間を漂う動作となります。それから、先程の高さを保ちながら腕を回し、真っ直ぐに、また円を描くように歩きます。"開"と"閉"の動きのバランスを反映させた動きです。

黄

黄色は、スペクトルで最も明るい色ですが、白色光ほどまばゆくはありません。そこで、ポジション1から片腕を上方に少しだけ斜め前に傾けます。それを光の筋だと思ってください。もう片方の腕を後ろに下げ、上へ向けた腕と斜めの直線になるようにします。腕がさす斜め前・斜め後ろの方向に、真っ直ぐ優美に歩きます。

2色が混ざってできている色——たとえば、オレンジは赤と黄色から、紫は赤と青からできています——については、腕の位置と身体の動きに、両方の特性が含まれていなければなりません。したがって身体を動かすとき、それぞれの2色を表すポーズは少しずつ"融合"し、ひとつの色として流れるような動きを作りだしているのです。

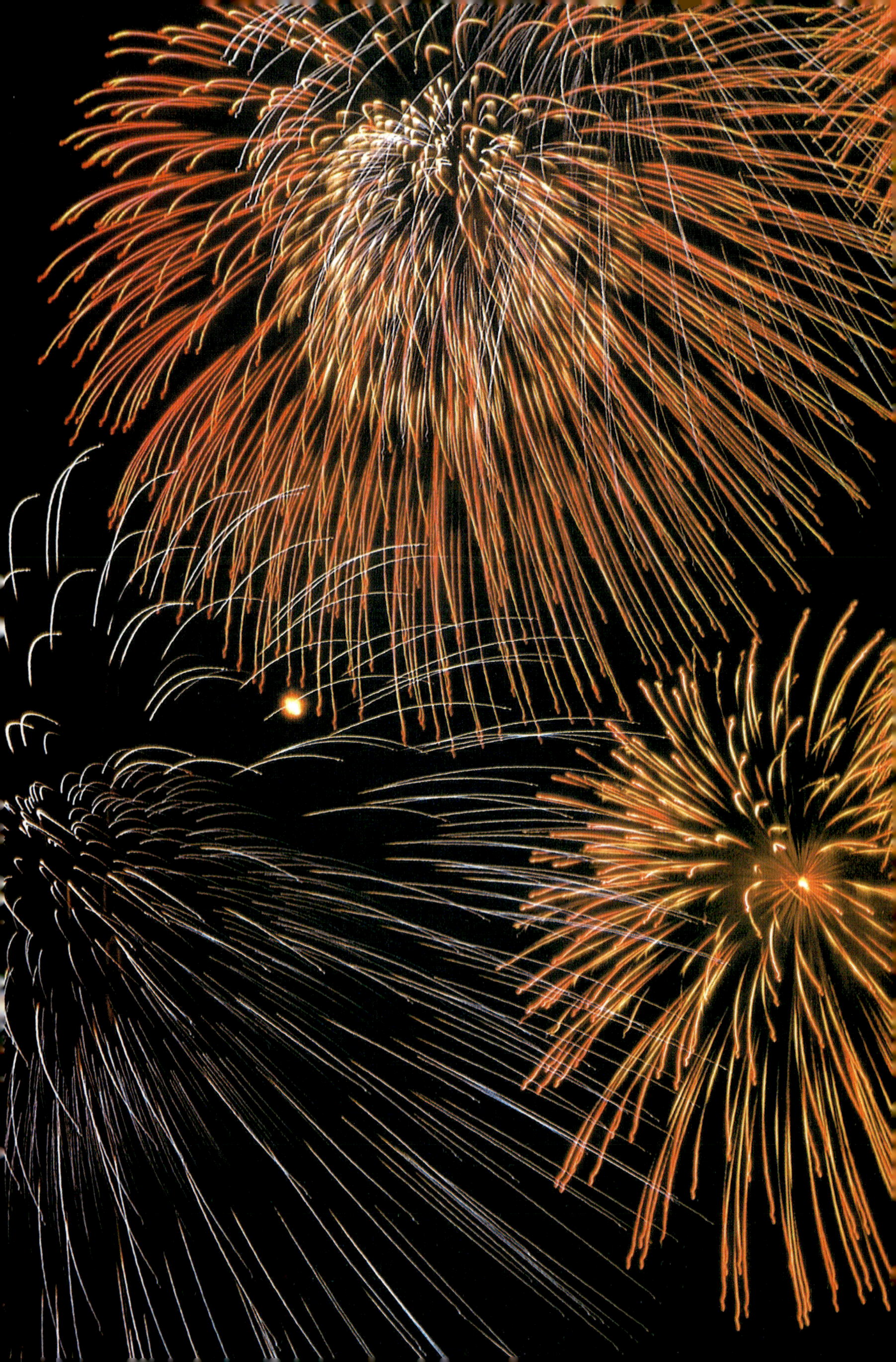

CHAPTER FOUR

身体の
色エネルギー
colour energies in the body

この章では、常に人間の肉体を取り巻きながら、普段はほとんど認識されることのない、神秘の色エネルギーについて取りあげます。また、身体からどうやってそのエネルギーが発せられるのか、についてもお話ししましょう。また、そのエネルギーを色の信号としていかに知覚し、心身の健康状態をずばり表す指標としていかに活用するかについても、ここで説明します。

その前にひとこと触れておきますが、この章は、色エネルギーを知覚する能力をいかに開発するかについては、その導入部しか書かれていません。というのは、はっきりと色の像を見るためには、深い瞑想状態に入って、脳波のパターンを変えるようなテクニックを用いる必要があるからです。そのためには、有能なプラクティショナーに教えを請い、指導してもらわねばなりません。しかし、ここに（参照→P.70）書かれているようなダウジングの技術を身につけて、脊椎の色エネルギーを認知することはできます。ダウジングは、あなたが色エネルギーを体験し、それをさらに突き詰めていくときの手引きとなるでしょう。

エネルギーの流入と流出

人間が生きていく上で必要なエネルギーは、食物や飲み物から得るばかりでなく、太陽の電磁放射線や、銀河宇宙の見えない力からも得ています。月の影響だけをとっても、あなたが考えているよりはるかに重大です。月の引力が潮の干満に与える影響は、あなたがよくご存じのはずです。この話はあまり知られていませんが、外科医の中には、満月のころの手術に大変神経質になる人もいるのです。それは、月の潮の満ち干きの与える影響が、人体の血液の循環にも影響を与えるという理由からです。

植物が光合成を行う上で光を必要としていることは、想像するに難くないでしょう。植物は、葉を通して入ってきた光エネルギーを使って、空気から取りいれた二酸化炭素と、土から吸いあげた水および微量元素を結合し、自らの成長や繁殖に必要な成分を作りだしています。この過程において、太陽光は、植物の栄養分を合成するためになくてはならないものなのです。

人間も日光を浴びると、直接身体に影響を受けます。光は肌や筋肉、さらには頭蓋骨（参照→P.20）を通過して体温を上昇させるとともに、人体組織に化学的変化をもたらします。また、成長や生殖の作用のパターンを変えるホルモンも誘発します。このように、人間と人間をとりまくエネルギーとの間には、重要な相互作用があるのです。

光輪と翼

よく見かける"光輪"の形は、伝統的にイエス・キリストや聖人の頭の回りに描かれ、その起源は、15世紀のフラ・アンジェリコやボッティチェルリの時代、さらには12、3世紀以前のイタリア絵画にまで逆のぼります。こうした光輪や天使の翼は、目に見える人間の肉体以外のものが、はるか昔から認知されていたことを物語っています。

しかし、光輪や翼は、聖人や天使だけの特権ではありません。潜在的には、あらゆる人間の中にオーラが存在しています。

この世にあるものはすべて、エネルギーを取り込むとともに、また放出もしています。生きる過程、成長の過程では、外界とのエネルギーのやりとり──流入と流出が必ず行われます。人間を含む、ありとあらゆる生物のまわりに存在している固有のエネルギー・フィールドが、エネルギーの流出にあたります。つまり人間には、実際に目に見える肉体のほか、その周囲に神秘の"流出エネルギー"が発散されていると考えてください。ただ、それが目に見えないだけ（見える人も稀にいますが）なのです。その"流出エネルギー"は、外界のエネルギーとのやりとりにおいて、身体を保護する役割を担っています。これをオーラといいます。オーラは、生命エネルギーを維持し、健康状態を反映し、宇宙エネルギーを外に出したり、体内に取り込みます。それらは常に動き、波動していますが、このエネルギーの自由な流れが、あなたの健康を支えているのです（参照→第5章）。

　鉱物、植物、動物、人間は、それぞれみな特有のオーラを持っていますが、その複雑さの程度や色の領域は異なるのです（参照→下記「オーラの進化」）。鉱物のまわりには白いオーラ、植物のまわりには金色のオーラがありますが、動物の場合は藍色です。人間の場合は幾重もの層があって、色は虹色なのです。このように複雑なのは、肉体的、精神的、感情的、霊的機能のほかに、意識が新たに加わっているためで、その複雑さが8つ（もしくはそれ以上）の神秘の層となって現れているのです（参照→P.62～63）。オーラの全体の形はあまり変化しませんが、健康状態や意識のあり方、外界のエネルギーが与える影響が変化すると（参照→P.76～77）、オーラの層の色や波動も変化します。こうした変化はごくナチュラルな現象で、健康な生物に起こる正常なことなのです。

オーラの進化

物体が存在する以前には、闇がありました。やがて電磁波の波長が遅くなり、宇宙エネルギーが収縮すると、そこには光エネルギーが生まれました。さらに弱まると、色が生まれ、音が生まれ、最後に物質が誕生しました（参照→P.37）。エネルギーが急速に凝縮したために、鉱物や水晶のような高い密度の物質ができました。"蓄えられた"エネルギーは長い時をかけて生物──細胞から植物、そして動物を生み、ついには人類の出現に適した環境を整えました。すべての物質は、エネルギーを発散しています。急激にエネルギーが凝縮した物質は、その密度の高いエネルギーをゆっくりと放出します。密度の高い固体のオーラは動かず認知しにくいのですが、人間のオーラは流動的で、波動しています。

人間のオーラ

誰彼問わず、人間の周囲にはオーラが存在しています（参照→前ページ）。オーラはたえず流動的な状態にありますが、その大きさや形や色は、その人の諸状況によって異なります。天賦の才に恵まれた人、特別なトレーニングを受けた人は、簡単にオーラを認識できます。そのため、オーラを利用して色彩療法を行い、利用価値の高い病気診断を実践したり、治療の指示を与えることができます。

オーラの色の性質

オーラの色は、透明で輝いています。言葉に言いつくせないほど素晴らしいエネルギーの放射です。
自分でこの特別な光の性質を知るためには、まず、ベタで印刷された色を約15秒ほど見て、目をそれに慣れさせます。それから、その色を白い不透明の紙で隠します。その時見えた新しい色——最初に見た色の補色——は、輝いて見えると思います。その光の性質が、オーラに見られる色の性質とよく似ています。

オーラの成り立ち

人間の肉体と直に接しているのは、エーテル層というものです。エーテル層は、身体の周囲を8センチから10センチの厚さで覆い、その形は肉体の形状と同じです。エーテル層は、肉体が作られるもととなった霊的存在です。通常、色はごく淡いマゼンタ（精神的に高度に発達した人は、完璧な白）です。人と会話をする時に、おだやかで打ち解けた感じの人は、青みがかったエネルギーを生み、エーテル層がその色に染まります。優れた教師は、コバルト・ブルーのエーテル層に身体が覆われています。青紫のエーテル層は、その持ち主の徳が高いことを示すので、その人は宗教関係の仕事に就いているかもしれません。

エーテル層のまわりを覆うのがオーラで、三次元のたまご型をしています。全方位に数フィートの厚さで広がり、体積は人間の姿の22倍です。オーラは虹と同じような層を持ち、その層は絶えず動いていて、それぞれの透明で純粋な色は、おたがいに干渉し合っています。こうした動きは、外界からのエネルギーの流入に反応するとともに、思考や感情、健康状態などの変化に影響を受けます。したがって、オーラを見ればその人となりがわかるのです。オーラの各層は、それぞれ異なる役割に対応しています。

人間のオーラ

エーテル層のすぐ外にある、一番目の層は『赤』い色をしています。赤は最も濃い色で、肉体と性欲に関係しています。次の『オレンジ』の層は生命力エネルギーで、代謝体といわれ、このふたつの層は密接な関係にあります。代謝体は人が眠っている間、肉体を維持するために呼吸したり、心臓を動かしたり、血液を循環させるためのエネルギーを供給します。また、不随意系の神経系統の働きを強めます。代謝体は、エーテル体と呼ばれることもあります。アストラル体として知られる『黄』の層は、太陽神経叢と感情のエネルギーに関係しています。すなわち、人の魂であるわけです。黄色の次は『緑』の層で、エゴや人格、思考能力を表し、肉体とオーラの持つ神秘的かつ純粋な精神的エネルギーとを結びつけます。緑はバランスを表す色で、この層はエゴと超自我（ハイヤー・セルフ）との境目でもあります。緑の次にある『ターコイズ・ブルー』の層は、超精神的（ハイヤー・メンタル）、もしくは高等精神的（スーパー・メンタル）ともいうべき直観自我と関係しています。『青』の層は原因体、行為の動機の原型となるものです。そこには、わたしたちが理想とする生き方といったような人生設計が秘められています。そ

THE HUMAN AURA 63

の次の『青紫』の層は、超自我（ハイヤー・セルフ）、肉体を持たない身体、真の霊的存在、大いなる意識を表します。一番外側の層は『マゼンタ』で、霊的自我（スピリッチュアル・セルフ）、本質、不滅の存在を表します。

チャクラ

オーラの層は、人間を取り囲む"呼吸している"エネルギーで、生命エネルギーともいえます。そのオーラと対になる光線に似たエネルギーが別にあって、そのエネルギーは輝きながら肉体のセンターから出たり入ったりしています。それらを"チャクラ"といいます。はるか昔2000年前の、チベットのサンスクリットの教義には、3つのチャクラが記されていました。その後チベット人は5つのチャクラを見つけ、それ以後、7つ以上のチャクラが、一般に認められるようになりました。オーラの8色に相当する8つのチャクラが下記に説明してあります。

チャクラはレンズのような構造で、人間のまわりの光を集め、それを強めます。いずれのチャクラにも、外部センターと内部センターがあります（参照→P.65）。つまり、人間の肉体のまわりを取り囲むオーラが"器"となるエネルギーを生み出すとすれば、チャクラはその器の"中身"を供給します。これらふたつのエネルギーはたがいに補いあい、共に協力して生命を創造し、維持します。この対のエネルギーにおいて、オーラの"器"エネルギーを女性的とすれば、光線のようなチャクラは男性的だといえます。

オーラを分かち合う

オーラの形や大きさは、その人の気分や健康状態に左右されます。親友と会うと、あなたはうきうきして、"のびのび"した気分になるでしょう——それに応じて、オーラも大きく広がります。逆に、嫌いな人と会うと、オーラは収縮して、"萎えて"しまいます。ふたりともオーラが広がっている状態だと、おたがいに相手のオーラの中に入ってエネルギーを吸収し、相手のオーラに自分のオーラの跡を残します。

チャクラの色と機能

マゼンタ：頭頂のチャクラは、松果体と関係しています。マゼンタは永遠、霊的自我（スピリッチュアル・セルフ）を表す色で、完全なエネルギーからできています。霊性のセンターであるこのチャクラは、人間と無限の知性とを結びつけます。

緑：心臓のチャクラは、愛と調和のセンターです。人間の魂が光るというのは、この部分のことを指します。緑色はバランスを示します。

青紫：第3の眼とも呼ばれる額のチャクラは、脳下垂体のエネルギーを伝えます。ヨガでは千葉蓮華として知られ、見えないものが見えるようになるセンターです。超自我（ハイヤー・セルフ）からの命令を受けます。

黄：太陽に似た太陽神経叢は、神経系統に現れた光です。ここを介して、周囲の状況を感知します。人間の認識と自尊心のセンターです。あやふやな状況は、この部分にストレスを生みます。

青：3番目の喉のチャクラは、甲状腺のエネルギーの中心にあります。音を通じた創造的表現の中心で、コミュニケーションと真理において重要となります。

オレンジ：仙骨のチャクラは副腎と関係していて、遺伝子パターンに大きく影響されます。その関係は、霊的というよりもっと俗っぽいでしょう。肉体の動きや健康、喜びなどが、このチャクラに関係します。

ターコイズ・ブルー：胸腺のチャクラは心臓と極めて近い結びつきを持ち、豊かな生命と愛に関係します。

赤：基底のチャクラは、情熱や生命エネルギー、性欲、創造力と関係します。

CHAKRAS 65

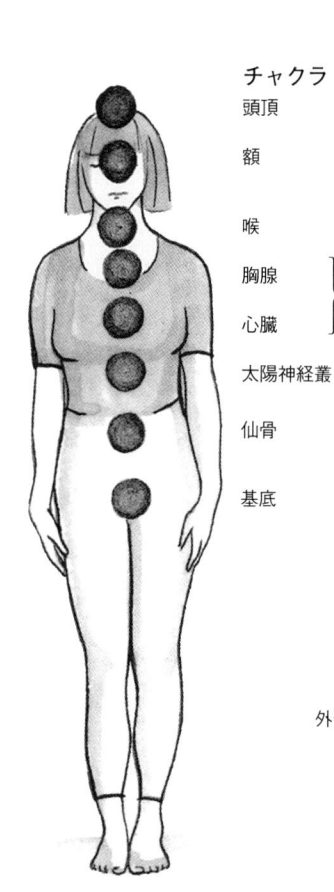

チャクラ	サンスクリット語
頭頂	Sahasrara
額	Ajna
喉	Vishudda
胸腺	
心臓	Anahata
太陽神経叢	Manipura
仙骨	Swadisthana
基底	Muladhara

チャクラ

オーラの8色の層に相当する8つのチャクラは、エーテル層の中、脊椎にそって一列に並んでいます（参照→下記）。

チベットに伝わる教義では、胸腺と心臓が1つのエネルギーだといわれているため、胸腺と心臓のチャクラは、2つで1つの名前しかありません。

外部チャクラ　　　内部チャクラ

チャクラのエネルギー

横から見ると、肉体を取り囲んでいるエネルギーは、腎臓のような形をしています。オーラよりも美しくて、透明感のある漏斗型のチャクラ・エネルギーは、心臓と同じ位置、第5番目の胸のところの脊椎骨に浸透します。光エネルギーは、ここからそれぞれのチャクラを誘導します。

小さい方の"内部"のチャクラは、だいたい9センチから10センチほど身体から離れたエーテル層の境目に位置しています。外部のチャクラはオーラの境目にあり、身体から45センチ離れています。

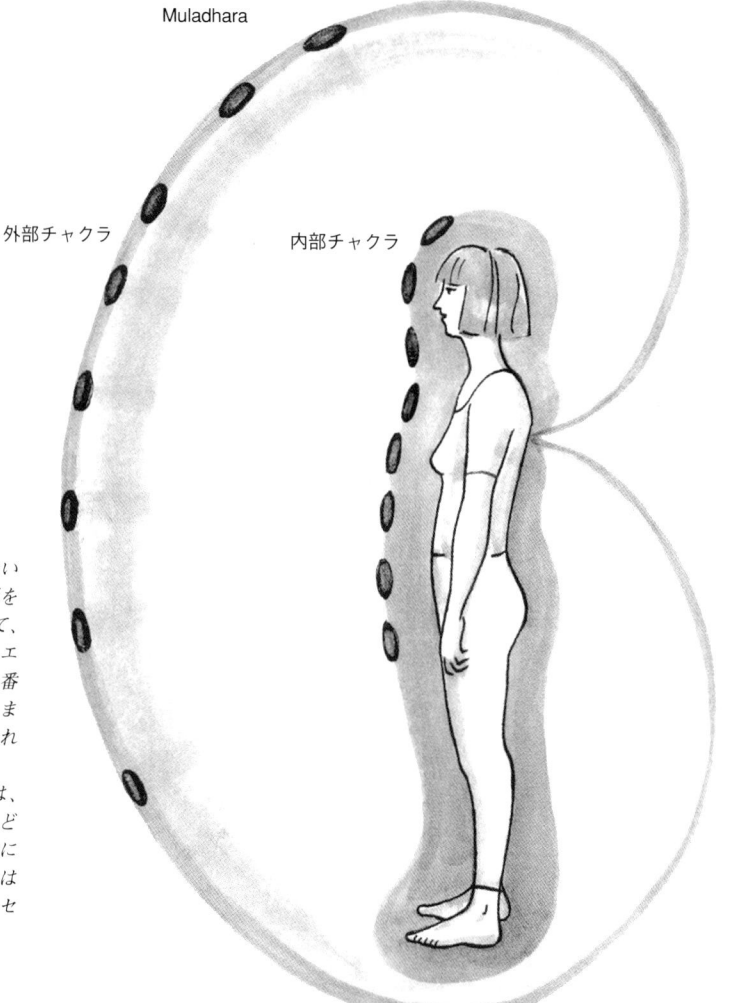

色エネルギーの検知

　オーラやチャクラのエネルギーを測定し検知しようとする初期の試みが行われたのは、19世紀後半から20世紀前半にかけてのことになります。電気療法の実用化が始まるなど、科学技術が発達したこと、それによって人間の身体のまわりに輝く光が見えると報告した科学者や透視能力者たちが主張したことに応える形で、こうした流れが生まれました。

　ウォルター・ジョン・キルナーは、ロンドンにある聖トマス病院の内科医であり、外科医でした。1869年に働きはじめ、やがて最初のX線治療部の部長の一人になりました。肉体をとりまく輝く光を視覚化できる装置を設計しようとしたキルナーの試みは、やがてジシアニンという染料を使った実験へと進んでゆきました。そして、その染料で染められたレンズを通し、キルナーは、紫外線領域に光を発見しました。この装置は、キルナー・スクリーンとして知られるものです。それを使うと、身体のまわりに15センチから20センチの青みがかった灰色の光の帯と、その外側に広がるおぼろげな第2の光の帯が見えました。キルナーは、疲労や病気、気分などによって、放射物の大きさや色が変わることを発見しました。また、磁気や電気、催眠によっても変わることを確認しました。

　1930年、40年代には、ロシアの技術者セミョン・キルリアンが、電気治療を受けている患者の肌に、小さな光が輝いていることを発見しました。キルリアンは、この効果を再現する装置を作り、印画紙にその結果を記録しました。この時のもっとも重要な発見のひとつは、人間にはそれぞれ固有のエネルギーの模様があることでした。

人間の潜在能力

　当時の発明品のおかげもあって、肉眼では見えない人間のエネルギーの模様を測定しようとしたこれらの試みは、"人間にはオーラがある"という考えの普及に、おおいに貢献しました。しかしながら、これまでのところ人間の身体を直に覆うエーテル・エネルギー以外のオーラを検知できる装置は、ひとつもありません。しかし、人間には虹色のオーラを直に見る潜在能力があります。それには、脳下垂体がこの認知を司る器官だと考えられています。この世に生まれた後も、オーラを認識する力を失わない人が稀にいますが、ほとんどの人は失ってしまいます。カラー・プラクティショナーは、いかにオーラを認識するか、人間の身体の中の色をダウジングするか、という訓練を受けています。それゆえに、きっとプラクティショナーは、これから述べるような技法を実践することになるでしょう。

DETECTING COLOUR ENERGIES 67

オーラとチャクラのエネルギー

人間のオーラは三次元のもので、肉体のありとあらゆる方向を取り囲んでいます（参照→P.62）。これと同じように、漏斗のような形をとりながらチャクラに吸いこまれる身体のまわりのエネルギーも、あらゆる方向から入ってきます（参照→P.65）。本は二次元の表現方法なので、紙の上でのオーラは平面的、チャクラ・エネルギーはページの真上から一点に集中して描かれています。チャクラのエネルギーがオーラにまっすぐ入ってきてオーラの層と混ざり合うと、輝く純粋な色を発します。

オーラを知覚する

　オーラが知覚できるようになるには、脳の状態を能動的にコントロールして、変化させなければなりません。そこで、オーラを知覚する技術の習得は、独学でも始められますが（参照→P.68～70）、優れた教師について水先案内人となってもらうのが一番でしょう。技術的には簡単なもので、53ページに書いたリラクゼーションのエクササイズと非常に似ていますが、変化させた脳の状態から現実世界に戻るには、案内人が必要となります。決してひとりで試したりしないでください。

変化した脳の状態

　人間は、脳の状態を自分の意思で変えることができます。下記に、人間が到達できる脳波パターンのレベルをかい摘んで書きましたが、

色エネルギーの受容

色を思い浮かべて、それを知覚できると自分に言い聞かせてください。次に、オーラの色を知覚したと考えてみましょう。神秘のエネルギーが、あなたの意識に入りこもうとするのを受け入れてください。"ふり"ではなく、実際にそれを体験できれば、色の刺激を感じはじめている証拠です。すぐにできる必要はありません。人によって、習得にかかる時間はまちまちです。しかし、人間は色を知覚できるのだという考えを一度受け入れることができたなら、その人は色エネルギーを受容しやすくなるはずです。40ページのエクササイズに戻ってください。そして、色の性質が透明で光輝いているのだ、と思い出してください。エクササイズを行って、あらゆる色の補色を、オーラと同じ輝きを持つものとして知覚できるようになりましょう。それができたら、あとは色を身体の中に取りこむだけです。意識して見れば、神秘のエネルギーの波動がはっきりと見えるはずです。

これらの脳波パターンを体得しないと、オーラの色を意識できるようにはなれません。以下、お話する脳の4つの活動レベルは、いずれも脳波計で記録できます。脳波は、周波数が下がるにつれて長くなります。少しずつ深くなっていく意識のレベルは、瞑想を通じて体験できるものです。瞑想は、周波数の速度を変える上での、安全で優れた手引きといえましょう。

脳波を遅くする

不安な気持ちの時、精神活動脳波は34ヘルツに達し、高ベータ波に入ります。普通の活動では、脳波の周波数は21ヘルツで、これがベータ波の基本的な速さです。ベータ波より1段下がると、おだやかなアルファ波という状態になり、その周波数は13ヘルツです。このアルファ波は、動物の通常の脳波と同じ速度です。シータ波はアルファ波よりさらに周波数が遅くなった状態で、周波数は8ヘルツに下がります。そうなると、人間はより集中力が増して、おだやかな状態に入ります。この状態では、固体が透明に見えはじめます。さらにもう1段階進んで5ヘルツになると、デルタ波の状態になります。この状態だと、もはや聴覚、視覚、感覚を区別することは不可能です。時間と空間が交錯します。あたかも自分が外に出たかのように、物事を経験したり、"目で見たり"できるようになります。物事の認識において、"目"に頼る必要がなくなるのです。この状態に入ると、通常の意識の状態に戻るには、外からの助けが必要です。

意識とオーラ

意識の変化は、オーラにも反映されます。通常のベータ波だと、オーラは典型的な虹色です。周波数が遅くなってアルファ波に入ると、オーラはうっすらと青みを帯びます。シータ波だと金色になり、デルタ波に到達すると、オーラはほのかにマゼンタを帯びた白になります。瞑想では、結果として進化の段階での意識レベルをすべて体験することになります（参照→P.61）。

ここで目指すべきは、脳波の周波数を遅くすることです。これは、人間の知覚能力を、色エネルギーのより高い振動レベルに向けさせる効果があります。周波数が遅くなれば、通常の脳の状態でいるよりも、感じる力が高まるのです。

さて瞑想状態にはいると、人によっては突然、それまで見えなかったものが"見える"ようになります。こうした現象は——その善し悪しはともかくとして——肉体から、人格と魂が遊離したときのショックによっても起きます。幽体離脱した状態だと、普通ではどうやっても見えないものが"見える"ようになります。光エネルギーに心を開いていけば、色が与える効果を受けやすくなるのです。

許しを乞う

誰かのオーラを見ることは、他人のプライバシーを探ることです。神秘のメッセージの世界に足を踏み込む時は、かならず相手の了解を得ましょう。そうでないと、歪んだイメージを体験することになるかもしれません。

脊椎の色

先程、肉体の中と外に色エネルギーが存在していることを示すため、オーラとチャクラのふたつについてお話しました。そこで3つめとして、脊椎に現れる色エネルギーについて考えてみます。人体の脊椎は、人間の進化の段階一つひとつを、記憶として持っていると考えられています。進化の過程が、脊椎と神経系統に深く刻みつけられているのです。神経系統の中枢神経を保護している脊椎骨と

頭蓋骨は、5つの領域に分類でき、それぞれの領域が進化のレベルを表しています。肉体の具現、代謝作用、感情、知性、そして霊性です。それぞれの領域は8つの脊椎骨からなり、それぞれスペクトル8色の濃密な色エネルギーを持っています（参照→P.71）。

脊椎の色を認識する

人間のまわりにある色を"見る"能力を身につけていなくても、ダウジングを使えば、色の波動に自分の感覚をシンクロナイズさせることができます。ダウジングで一番よく知られているのは、水脈を探り当てるために先がふた股に分れた棒を使って、地中のエネルギーを吸いあげようとするものです。ペンデュラムも、ダウジングの方法としてたいへん馴染み深いでしょう（参照→下記）。しかし、習得が比較的容易で簡単に実践できるのは、親指を使い、脊椎骨を通じて身体がどれだけ活動しているか、どんな活動が行われているのかを感じ取るやり方です（参照→P.70）。このダウジングはだれにでもでき、脊椎にある色エネルギーを診断するのも比較的楽です。一度このやり方に馴染んでから他のやり方で色エネルギーと親しめば、おそらく自分の持っている感覚が鋭くなっていると気づくでしょう。

ペンデュラムを使ったダウジング

まず握りやすいペンデュラムを選びます。最初に、ペンデュラムがあなたの質問に、どう動いて回答するかを見極めます。ペンデュラムの答えは、『はい』『いいえ』『回答不能』の3つです。動きとしては、回転したり、左右、縦横に振れます。答えを知るために、まず腰を下ろして、膝から5センチのところにペンデュラムが来るようにします。そして、静かにペンデュラムを持ってください。そして、"『はい』はどれですか？"と質問します。ペンデュラムが動き

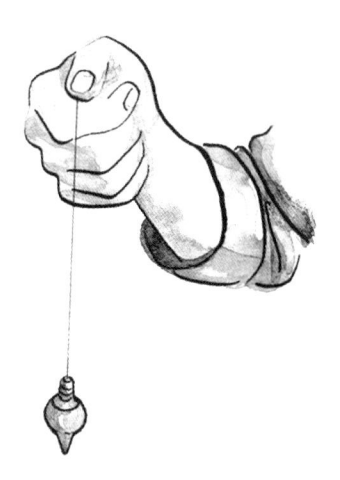

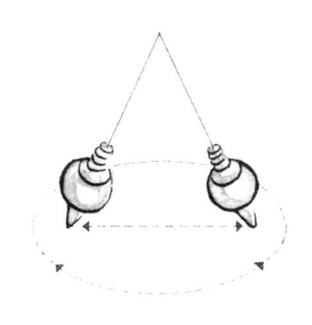

ペンデュラムに使う物質

金属、木、水晶に、23センチから30センチの長さの糸、または細いチェーンをつけたものを用います。糸が細ければ細いほど、ペンデュラムは動きやすくなります。

ペンデュラムを使う

『はい』『いいえ』『回答不能』に相当するペンデュラムの動きがわかったら、占いを始めます。

指で糸を挟んで、質問を念じます。質問はあいまいなものでなく、『はい』『いいえ』で答えられるものでなければならないことを、頭にいれておきましょう。

始めるのを待って、その結果を記憶します。ペンデュラムが止まる前に、"『いいえ』はどれですか？"と聞き、ペンデュラムが動く方角を記憶します。あなたにそれらの動きの意味がはっきりとわかるまで、毎日何度かこれを繰り返します。

　ペンデュラムを使うのは、個人レベルでのことに留めておきましょう。献身的な気持ちを忘れず、よからぬことを考えたり、悪質なお友達や依頼人のために、ペンデュラムを使うようなことがないようにしてください。そしてペンデュラムは、持ち主専用にしてください。

指を使ったダウジング

　脊椎のチャート（参照→前ページ）を使えば、人間の脊椎の活動的エネルギーがわかります。必要となるものは、友人や依頼人の髪の毛や、写真、サインなどといった"立会い人"となるものです。サインならばチャートの裏側に書いてもらい、写真や髪の場合はチャートの下にそのまま置きます。図は机の上にのせます。チャートの下にくる机の中の書類や印刷物などは、外に出しておく方がいいでしょう。

脊椎のダウジング
左手の中指（左利きの人は右手の中指）を使って、上部からチャート（右）をなぞります。その時、2分の1センチくらい指を紙から浮かせます。脊椎骨から脊椎骨へと下にむかって順に指を動かし、覚える感覚を受け入れます。活動していない脊椎骨にはなにも感じません。しかし、活動していると、熱い、冷たい、反発する、ひりひりするなどの感覚を覚えます。
チャートをなぞった結果を記し、その反応の強さ——強い、普通、弱いなど——を書きとめます。

DOWSING THE SPINE 71

霊的領域
頭蓋を造る8つの連結した骨は、より超自我（ハイヤー・セルフ）、霊的自我（スピリッチュアル・セルフ）からメッセージを受け取ります。解釈するのが難しく、診断には使用しません。

精神的領域
脊椎のこの部分の色は、エゴ、思想、記憶、知性に関係しています。

感情的領域
これらの脊椎骨は、魂ともいわれるアストラル界、人間関係、喜び、愛、憎悪、怒りなどの感情的起伏や、失恋、自分を取り巻く外界への反応などの情報を持っています。

代謝的領域
この脊椎骨は、エーテル体の生命力、家庭、日常の仕事、代謝作用などと関係のある事柄を表しています。代謝作用には、消化器官、食事、毒素、麻薬およびアルコールの摂取が含まれます。

肉体的領域
この領域からは、肉体や性欲、強迫観念、習慣、肉体の病、生存と生殖、体操とスポーツなど正規の活動の情報がわかります。

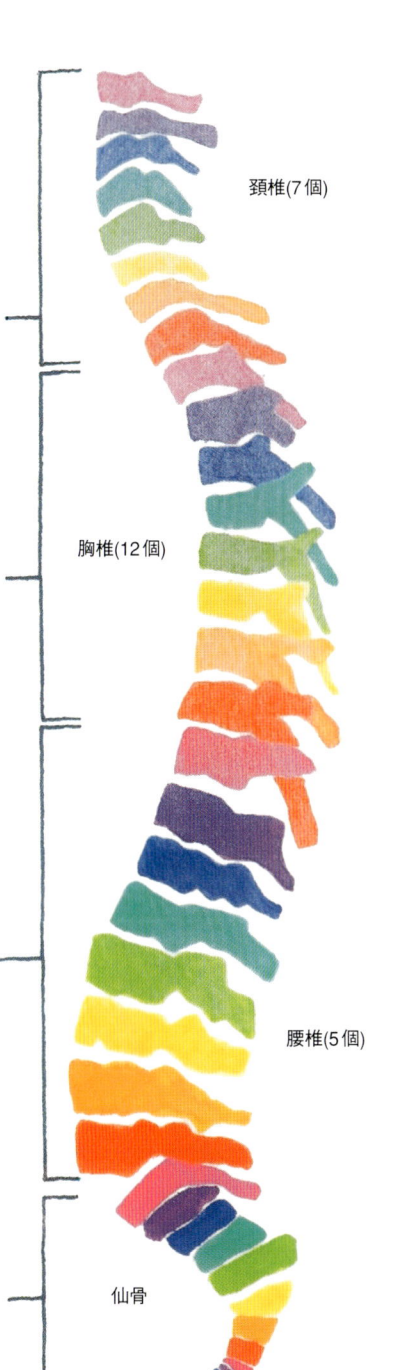

頚椎(7個)

胸椎(12個)

腰椎(5個)

仙骨

脊椎診断
脊椎の色を分析する方法は、心身の状態を知る機会を増やすだけでなく（参照→P.72〜73）、ヒーリングを目的として、体内に色を取り入れる方法のひとつともなります。

色の順番
領域ごとの色の順番はみな同じで、虹の色の順になっています。マゼンタからはじまり、赤で終わります。

色の濃さ
脊椎は下に向かうほど、色が濃くなります。これは、肉体の機能に関係しているためです。肉体と関係する部分は色が凝縮するので、濃い色になるのです。

健康な時の色

　バランスのとれた健康な人間であれば、8つ一組の色が、上から下まで繰り返し脊椎に現れます（参照→P.71）。健康な脊椎だと、脊椎骨にはそれと対になる脊椎骨があり、その色は元の脊椎骨の補色です。元の色とその補色は、エネルギー・レベルで関係しています。脊椎の色エネルギーが相補的なペアで存在している場合は、エネルギーのバランスが取れています（参照→P.90）。そうした脊椎骨は、"組み合わさった"もしくは"連結した"ともいわれます。そのような補色がない場合、元の色は"連結しない"状態のままで残り、身体のバランスがとれていないことを表します（参照→第5章）。つまり、エネルギーが流れ込む場所を探しているような状態です。

　下のチャートは、健康な脊椎の色の意味について記したもので、脊椎の4つの領域である精神的、感情的、代謝的、肉体的のそれぞ

健康な脊椎の色

マゼンタ
精神："解放""変化"を表します。変化を求め、過去の思い出から解放されようと努力しています。

感情：過去の感情を解き放ち、気分を変えようとしています。

代謝：もはや役に立たなくなった家庭習慣を断ち切り、必要ならば食習慣を変えようと努力しています。

肉体：もはや意味をなさなくなった活動を変え、ライフスタイル関する他者の影響から自由になろうと努力しています。

青紫
精神："尊厳"を表します。己の精神的活動に、しかるべき敬意を払っています。

感情：自分の感情を、よきもの、尊いものとして受入れ、尊重しています。

代謝：家庭を尊い場所と感じています。食生活を含め、敬意を持って家のものをすべてを受け入れています。

肉体：肉体を尊重し、敬って行動しています。

青
精神："リラックス"を表します。こころがリラックスした穏やかな状態です。

感情：気持ちはおだやかで、のんびりしています。

代謝：家庭生活がおだやかです。食事もゆったりした状況で食べています。

肉体：リラックスした気分で、自分の仕事や肉体労働をしています。

ターコイズ・ブルー
精神："免疫性"を表します。他人の考えに左右されず、自立しています。

感情：他人とうまく協調しています。他人の気持ちに影響されません。

代謝：免疫機能がうまく働いています。それだけのエネルギーを生み出しています。

肉体：他人の意思や命令に従うことなく、自由に行動しています。

れについて、具体的に述べてあります。色は、それぞれの脊椎骨の活動レベルによって変わります（参照→P.70）。現実には、あらゆる色がすべて"活動的"という結果になることはめったにありません。それは1日のリズムによって、体内の活動が常に変化するからです（参照→P.77）。また通常人間は、よりよいバランスを得ようと進化しつづけている状態にあるのが普通なので、脊椎のある部分がそれ以外の部分より活動レベルが高いということは往々にしてあります。しかし、プラクティショナーは異なる日、異なる時間で作成したチャートから、脊椎のエネルギーとそのパターンの完全な姿を作りあげることができます。

実際にダウジングを行うと、たいていは脊椎の半分の脊椎骨が活動しているという結果になります。下記にそれぞれの色の活動を、説明書きやキーワードでその特徴をまとめてみました。

緑
精神："バランス"を表します。バランスのとれた精神状態にあり、仕事を家庭に持ちこみません。その逆もまた然りです。

感情：パートナーとバランスのとれた関係にあります。人間関係や組織などに心地よさを感じています。

代謝：家庭生活は安泰です。活動する時、休む時のバランスをうまくとっています。

肉体：バランスのとれた行動をしています。必要な時に適切な行動を起こせます。

黄
精神："分離"を意味します。ものごとを明確にとらえ、正しい判断を下せます。

感情：自分および他人の感情から一歩距離を置いて、客観的に物事を見られます。

代謝：家庭を客観的に見て、それを作りあげた方法を評価し、批判できます。

肉体：必要とあれば、行動を起こせる状態にあります。

オレンジ
精神："喜び"を意味します。喜びや幸福が、思考に満ちあふれています。

感情：こころがおおらかで、喜びにあふれています。他人との楽しい心の交流が持てます。

代謝：家庭における喜びや楽しさが、消化を促進し、身体全体に力を与えます。

肉体：必要とするすべての肉体的活動を、楽しみながら行えます。

赤
精神："力"を意味します。思考し、こころの思うままにすべてを実行できます。

感情：感情を露にする力があります。

代謝：家庭生活へのエネルギーは、よい状態にあります。消化器官も同じ状態です。

肉体：毎日の肉体的活動がうまく行っています。

バランスのとれた身体

　身体の5つ——霊的、精神的、感情的、代謝的、肉体的——の機能は、常におたがいにエネルギーを交換しあっています。絶えず行われているこの運動は、生命の状態を表す最もよい物差しです。バランスをとりながらエネルギーが交換され、維持されていれば、健康な身体といえます。エネルギーが体内で常にスムーズに流れるかどうかは、自らの中に、5つのそれぞれの機能を認識する力があるか否かにかかっています。それができてはじめて、人は自らの中に調和を生み出し、目的を達成するためのすべてのエネルギーを活用できるようになるのです——それはあたかもボートのチームが、みんなの力を合わせてボートを漕ぐようなものといえましょう。

　"身体のすべての機能を認識する"、これは聞くと簡単なことように思えますが、実際に実行するのは、考えているよりはるかに難しいものです。もしもすばらしいアイディアはたくさんあるのに、実行が伴わないという人がいたら、その人は肉体的な活動をもっと認識する必要があります——それには、庭いじりをして、手を汚すのもいいでしょう！　そうすれば、"地に足がついて"、肉体機能の結びつきが強化され、やがて精神作用と肉体作用が融合して、アイディアを実行できるようになります。目標は、感情的、精神的、肉体的な側面を通じて、エネルギーの流れを生み出せるようになることです。エネルギーの流れは、バランスが崩れると、あらゆる面で問題が生じます。恐れは不安を生み出し、それが代謝のトラブルを引き起こすのです。バランスのとれたエネルギーの流れを実現するには、日常生活のあらゆる面を健康的な活動レベルに維持するしかありません。

　脊椎診断チャート（参照→P.71）は、身体の諸機能のつながりを知る指標として、非常に優れたものです。その一方、オーラにおける色エネルギーの流れからも、身体の中を流れるエネルギーの質がわかります。健康な人のオーラの色は、明るく輝いていることが特徴的です（参照→P.67）。たとえば、肉体的、性的生活が健康で喜びに満ちあふれていると、基底のチャクラ（参照→P.64）の赤いエネルギーが、明るくて澄んだ色をしています。

　しかし、精神的、感情的エネルギーが肉体の満足のみに注がれていると、赤はすぐにその美しい色彩を失ってしまいます。そういう時の赤は、チャクラから流れ込むエネルギーが充分でないため、くすんだ色になってしまうのです。たとえばレイプ事件では、被害者の性的エネルギーである赤のオーラに、黒いしみができてしまいます。いずれのチャクラも、その活動が最高潮にないと、その色が暗

庭いじりをすると、季節ごとに変化する自然から、ヒーリング効果のある色エネルギーを吸収することができます（右）。1日1時間、自然にかこまれて過ごすと、すばらしい活力源となるでしょう。

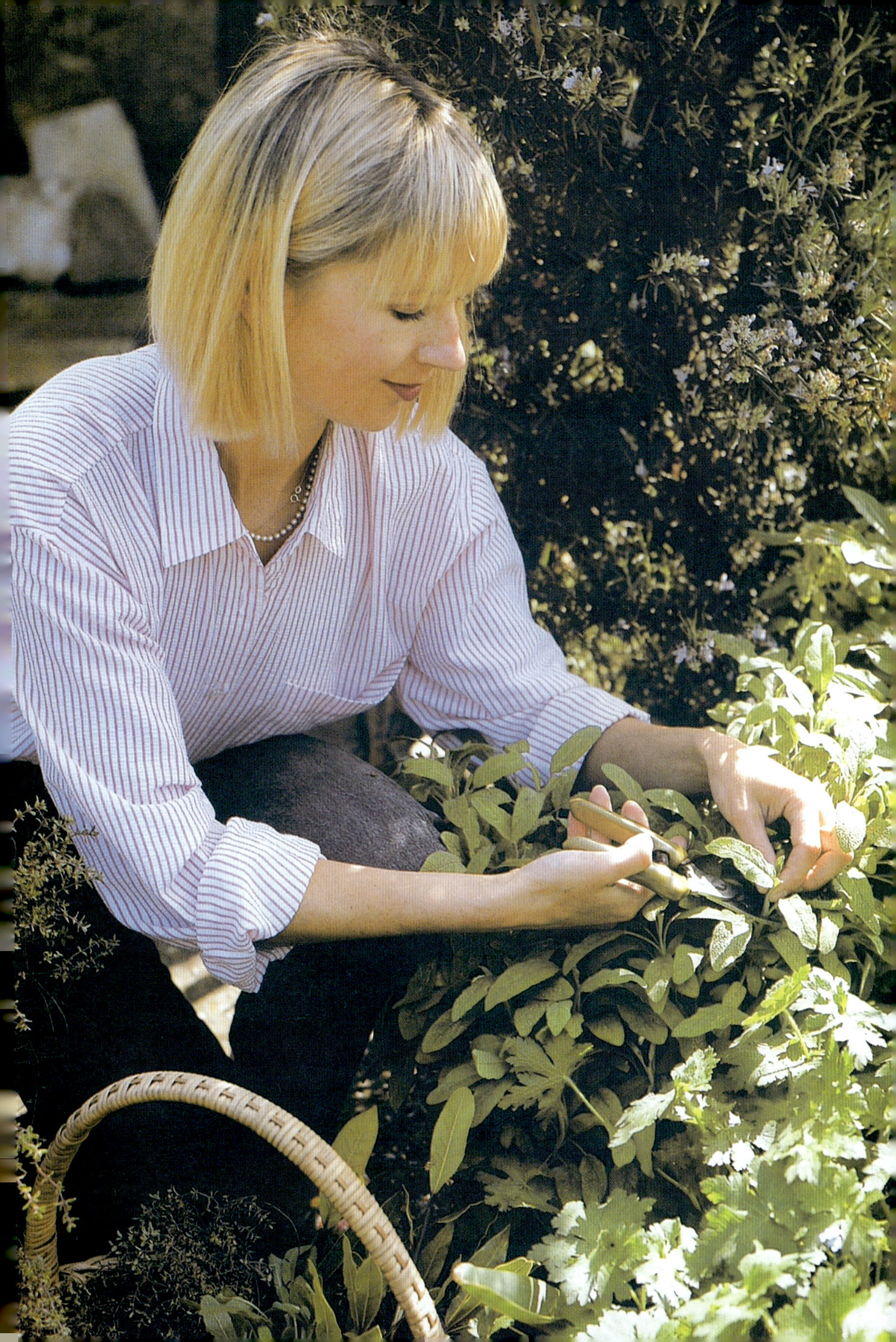

く、不透明な色になります。同時に、人の心が"純粋"でないときにも、そうなります。

活動的な脊椎骨は、たえずエネルギーの交換機能を維持しています。そのエネルギーの交換がバランスを生み出していれば、身体は健康といえます。もちろん、外界や内部の変化は常に起こるため、完全な健康を願うことは不可能です。身体は、完全な状態になろうとしてひたすら働いていますが、それを達成しようとしているわけではないからです。

さまざまなオーラ

オーラ・エネルギーの絶え間ない流れは、日常の活動（参照→右）や睡眠のパターンによって、強くなったり弱くなったりしています。眠っている時は、"器"のエネルギー（オーラの層）が大変強く、チャクラの活動はさほど活発ではありませんが、チャクラが出入りする光線のようなエネルギーは、美しい色をしています。しかし起きている時は、その逆です。"中身"であるチャクラのエネルギーが強まり、オーラの層がたいへん美しい色になるのです。

幼少期から思春期までのオーラは赤とオレンジが主流ですから、その時期の人間はその色が示す通り、活発で遊び好きです。しかし、12歳くらいになると、黄色が目立ちはじめ、24歳から36歳までは緑、36歳から48歳まではターコイズ・ブルーがより目立つようになります。それらは、バランスと完全な健康を表し、円満な家庭生活を送るのに役立ちます。そして青や青紫、マゼンタなどは、48歳以降に顕著に現れます。青や青紫は、人になにかを教えたり、奉仕することと関係しています。つまり、人が人生を通じて得た知識や技術を分かち合う時が来ているのです。やがて72歳以降に主流になるマゼンタは、解放される時がきたこと――次の世代に世界を引き継ぐ時期を示しています。

気質とオーラ

毎日のエネルギーの高低の変化や老化による変化に加えて、体質による違いが色エネルギーに影響してきます。ルドルフ・シュタイナーは、ヒポクラテス（紀元前460年～377年）が初めに提唱した4つの気質を明確に特徴づけました。はじめに多血質は、風の元素と関係があり、楽観的な性格をしています。長期的な計画の立案に向いていて、オーラは黄色い色をしています。次に黒胆汁質は、細部に気を配り、計画を実行するのに優れています。鬱の傾向があって、時々"どん底"まで落ちてしまいます。黒胆汁質の人のオーラは青

運動と健康のための模様
上のイラストは、末期癌の患者たちが治療を受けていたイギリスのクリーブランド病院の天井の模様の複製で、青と金のヒーリング・カラーと、運動と方向を表す模様を組み合わせたものです。
頭（上部）と残りの身体（下部）、中央が心臓を表しているその形を見た人は、その形を目でなぞりたい気持ちにさせられます。それによって、身体全体の活動を促進する――病気や衰弱、一進一退の病状とは対照的に――効果が得られます。この運動は、あらゆる人間を活気づけ、精神と身体と感情を再び一体化します。

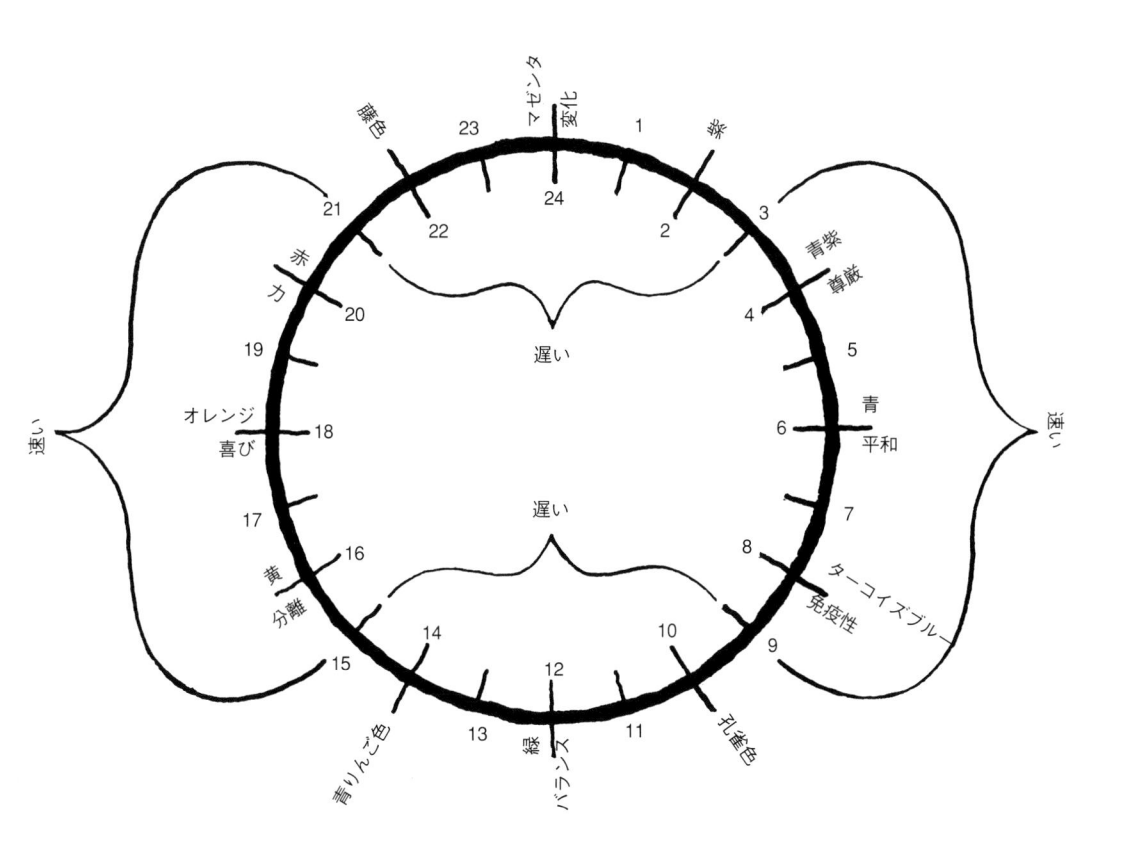

VARIATIONS IN THE AURA 77

で、水の元素と関係があります。

 3番目の火の元素と関係のある胆汁質は、短気で、考えもなしに行動を起こしがちです。オーラの支配色は赤です。最後に忍耐は、冷静さを表し──土の元素と関係していて、オーラはおもに緑です。その特徴を持つ粘液質の人は、なにごとも受け身で、"むこうからやってくるのをじっと待つ"のを基本とします。

1日の身体のリズム

昼夜の周期は、身体のエネルギーの流れに影響を与えて、活動レベルに変化をもたらします。24時間という1日のサイクルは、2時間ごとに区切ることができます。2時間ごとの区切りは、特定の器官の活動と色に対応しています。2時間ごとのリズムに、別のパターンも加わります。午後9時から午前3時までは、概してエネルギーは低調です。午前3時から午前9時にかけて次第にエネルギーが増し、その後午後3時まで、またエネルギーは減少します。その後、夕方早くの活動に入ります。

CHAPTER FIVE

病気と色エネルギー
色エネルギーが
感じられないとき

feeling off colour

人は誰でも生きていれば、健康な時とそうでない時は必ずあるものです。肉体的、精神的、感情的、霊的病気は、受け継いだ遺伝子と、生活体験——たとえば食物や外界から身体の中に入ってくるものの善し悪しなどが原因です。何らかの思考でさえも、人間の感情に影響を与えます。健康は、さまざまな要因の絶妙なバランスのうえに成り立っているので、人は時として、いともたやすく変調をきたすのですが、たいていは、そうした生命の変化にうまく対応していけるものなのです。

色彩療法のテストや診断技法というものは、その人の人格を分析すれば、病気を予見できるという考え方に基づいています。人間の思考がすべての病気の元凶であり、それが後に感情的、肉体的レベルにおいて、表面化すると考えているからです（参照→前ページ）。

精神的、感情的な病気になると、人間の色エネルギーが変化するので、色エネルギーは後日発病する病気を予見する上で、信頼できる指針となります。仮に、オーラや脊椎の色エネルギーがある特定の色に変化したならば、それはおそらく、あなたがかっているある種の病気と関係しているのです。このように色彩療法を用いれば、病気が身体に現れる前に問題を察知し、手当することができます。

病気とその診断

この章では、まず病気の意味について取りあげ、そのあと、色を使った病気診断についてお話しましょう。病気診断を行えば、病気の因果関係が明らかになります。細菌やウィルス、その他病気の媒介物と関係する肉体的変化から生まれたものなのか。もしくは、生きていく上ではごくあたりまえの精神的、感情的バランスの不均衡から生まれたものかどうか、がわかるのです。

色彩療法では、病気診断のためにさまざまなテクニックを用いますが、中にはほとんど訓練をせずに習得できるものもあります。この章では、あらゆる色彩療法のテクニックを網羅しましたが、書かれている内容を読むだけで習得できるものもあれば、訓練を重ねないと身につかないものもあります。カラー・プラクティショナーが会得している色彩療法のテクニックの数は、人によって異なります。ある人は、オーラの形や色が変化する性質を利用し、オーラの知覚によって、現在の健康状態を患者に教えます（参照→P.86〜89）。一方で、ダウジングで脊椎の色エネルギーの性質を調べ、ありとあらゆる情報を盛り込んだ表を使って、エネルギーのバランスを分析する人もいます（参照→P.90〜92）。また心理テスト（参照→P.94〜97）からは、その人の性格や欲求について、補足的な情報が得ら

ネガティブな考えを変える

もしもあなたがネガティブな考えを抱いていたり、ネガティブな気持ちにとらわれているのなら、それに立ち向かうことです。そうすれば、ネガティブな思想や気持ちから解き放たれて、今よりいい環境に身をおくことができるようになります。ネガティブな状態にあることを自覚しないと、気持ちが暗くなるなど、感情的領域にそれが現れ、いっそうネガティブになってしまいます。リラックスして、身体からすべての力を抜きましょう。普通に呼吸をして、暗い考えを払拭する効果のあるマゼンタを身近な場所に置きましょう。消極性から解放されれば、強い自分になって、さらに一歩成長する準備が整うでしょう。

病気の進行

人生の旅路は、螺旋として図式化できます。一度精神状態の変化を体験し、(左、ポイントA) それと同じような状況を体験していることに自分が気づいたとき (次の旋回、ポイントB)、感情レベルでの変化が起きてきます。もし、そんなふうに感情レベルでの反応がうまく解決されれば、その人は新しいパターンの人生に移り、わずかにずれた螺旋の上 (ポイントC) を生きていきます。一方、感情レベルの反応が解決されないままだと、後日また同じ状況に遭遇して、今度は代謝レベル (ポイントD) で変化が起きるのです。代謝レベルで問題が起きると、生命力が弱まり、健康を取り戻す道のりは、長いものとなります。

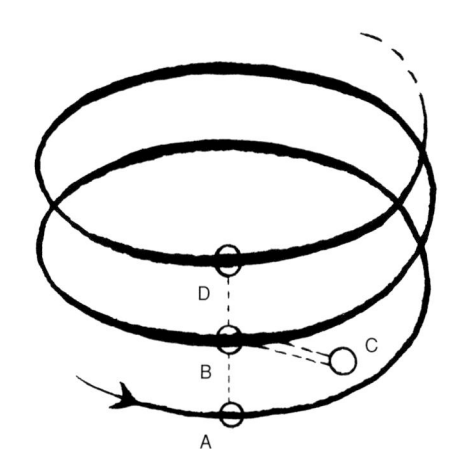

れます。こうした方法は、あなたにとって健康状態の傾向を知るための強力な手掛かりとなるでしょう。

　カラー・リフレクション・リーディング (参照→P.94〜95) では、人の人格や生活上での出来事が、健康にどのように影響を与えているかを分析できます。そしてその結果から、色彩療法のテクニックを用いる際の適切な指示が得られます。リュッシャーのカラーテスト (参照→P.96) からも、詳しい性格分析ができます。そしてアート・セラピー (参照→P.96〜97) では、絵を分析して、人格と健康との相互作用を見ます。このようにして、それぞれのセクションでこうした診断技術を一人で使用する場合や、その効用価値について解説していきます。

健康と身体の運動

　人の身体は、たえず変化しています。あなた自身とあなたの健康は、あらゆるレベルで変化しているのですが、その変化は、あなたが変化を認知する能力と密接な関係があります。健康な人間であれば、あらゆる活動があってこそ正常なのです。言い方を変えれば、活動がなければ病気にかかることもないといえましょう。

　身体の中の活動——心臓の鼓動から細胞の活動にいたるまで——が鈍れば、肉体は効果的に機能しなくなり、人は病気になります。仮にそうなったら、病気を試練として甘んじて受け入れ、精神的に、また肉体的に"発展する"ためのチャンスだと思ってください。そうすれば、以前よりも健康な、精神的にも高められた自分に進化できるのです。病気というのは、学習するもの、よりすばらしい意識に目覚めるためのレッスンだといえます。

理想的な状態

心と身体は、理想的な状態を"記憶"しています。その記憶は、潜在意識の奥深くに根を下ろしていますが、その気になれば、超意識 (スーパー・コンシャス) もしくは超意識自我 (スーパー・コンシャス・セルフ) に接触することもできます。52ページに記しましたが、リラックスした状態で色彩視覚化技法などを用い、心の奥のそうした部分に触れれば、自分の欲求のパターンがわかりはじめます。自分自身を見つめることから、ヒーリングは始まるのです。

病気という試練

　痛みを覚えたり病気と診断されたら、あなたはきっと、どうやって健康を取り戻そうかと考え始めるはずです。医者は、よく効く薬を処方できます。そのような薬は生理機能すべてに作用し、時にはあなたの気分までも変えることでしょう。それで病気の症状は消えますが、それには副作用がともなうことが多く、病気の症状を一時的に抑えているだけということが多々あります。したがって本当に病気を治すには、患者がヒーリングに参加することが必要であり、そうでなければ、その治療は単なる"その場しのぎ"にしか過ぎません。

　自分を見つめて病気の因果関係を理解すれば、身体の機能の正常活動を阻害する食生活や睡眠、物理的な環境と関わりのある習慣を断ち切ることができます。その時は、思考や感情も変える必要があります——この2つが、肉体における化学的変化の原因だからです。罪悪感、嫌悪感、復讐心といったことから、物事に対して根に持ったり、恨むなどのネガティブな気持ちを持っていると、精神的活動に影響を与えるだけでなく、やがてはそれは感情や肉体にもその影響を及ぼします。それゆえに自分を見つめなおし、思想や感情を変えるための最初の一歩を踏み出して、身体と精神の関係をより密接にすることです。そして、身体の中のエネルギーの健康的な流れを乱す考え方や行動について、どうすれば改善できるか、本腰をいれて取り組めるようになるでしょう。

自分を理解する

　健康への道は、人によって異なります。明らかに同じ病気にかかっていたとしても、自覚症状は人によって異なります。また同じ症状でも、健康を回復するための方法は、人それぞれです。

エネルギーの流入と流出

　エネルギーを体内で動かし続ける力は、精神、感情、そして肉体を統合している身体の中におけるエネルギーの自由な移動だけでなく、エネルギーの流入と流出にも左右されます。つまり、身体はたえず呼吸しているものと考えてください——肺の中に空気を満たすだけでなく、波動するエネルギーも出たり入ったりしています。健康と病気は、身体の中のエネルギーの自由な流れ以外に、出入りする絶え間ないエネルギーの交換にも関係します。突き詰めると、すべての運動が止まることは、死——身体の中に入ったり出たりする活動がない——を意味します。

子どもの病気

思春期までの子どもは、流入してきたエネルギーを自分の中に蓄積します。それが思春期以降は、自分の心の赴くままに行動したいと思い、自分を表現したいという強い欲求を覚えます。こうした年齢以前に、そのような行動基準を子どもに期待——親の勝手で、子どもの特定の能力をひけらかそうとしたり——すると、それが本当に必要なときに、子どもたちの自己表現への欲求がうまく発揮されなくなってしまいます。こうした行為は、子どものエネルギーを消耗させ、本来自らの内に作らなければならない力を奪ってしまうのです。

THE CHALLENGE OF ILLNESS　83

宇宙エーテル・エネルギー

宇宙エネルギーから、人間が吸収するエネルギーが生まれます。宇宙エネルギーこそ、人が呼吸したり、食べたり、成長したり、感じたり、考えたりする力を引き出す生命の力なのです。

一方、食物や飲料から得る肉体のエネルギーは、人間が生きるのに必要なエネルギーの一部でしかありません。宇宙と肉体のエネルギーは、ともにエーテルのようなもので、"命を支えている"ものです。食物は、肉体的もしくは代謝的エーテル・エネルギーを供給しますが、生命そのものは、宇宙エーテル・エネルギーに依存しているのです。

流入

宇宙エーテル・エネルギーの吸収は、その人が持って生まれた性向に左右される部分があります。外界を歓迎する能力を生まれながらにして持っている人もいれば、背を向けてしまう人もいます。子ども時代や思春期のころの経験も、この宇宙エネルギーの流入に多大な影響を与えるのです。ひとりの人間として自分自身を受け入れられれば、あなたの周囲を取り囲んでいる生命力の源である宇宙エネルギーも受け入れやすい状態といえます。宇宙エネルギーは、悲しみに暮れている人より、幸福な人の方に流れ込むものなのです。不幸な人というのは、自分の幸福をみずから否定してしまう中で、自分を支えて元気にしてくれる力や、バイタリティまでも否定することになるのです。

流出

エネルギーの流出は、発するエネルギーがいかに他人に受け入れられているかによって変化します。他人がその人の発するエネルギーを押さえつけようとすると、その人は憂鬱になったり、ストレスを感じます。エネルギーの自由な流れは、自分を自由に表現できること、常日頃から抑圧されていないことにも関係しています。

カウンセラーといっしょに

　どういった類の色彩療法に取り組むとしても、最初のステップは、プラクティショナーと話をして、まずは患者の性格や欲求をはっきりとさせることです。そのための具体的な質問事項は、その人の置かれた状況——患者が治療を始める理由や、プラクティショナーが治療に用いる技術や経験——によって変わります。

　最初のカウンセリングで、プラクティショナーが患者に聞く2つの主な質問があります。1つめは、患者自身の行動（病気にかかっていたら体調）や感情が、1日のうちでどんな具合に変わるかということです。たとえば、どんな時がもっとも活動的か？　または、ひどく疲れて無気力な時は？　こうした質問は、プラクティショナーが患者の活動的な状態——オーラの色が美しく輝いている場合——その時の色エネルギーが何色か、したがって治療をする時に注意すべき色は何色かを見極めるのに役立ちます。

　2つめの質問は、一番好きな色と一番嫌いな色についてです。その質問のあとでプラクティショナーは、色の好き嫌いの原因を探るために、楽しかったこと、嫌だったことを思い起こさせる原因がどういう時であるかについて質問します。つまりいい思い出、嫌だった思い出を確認する意味は、その2つのことが日々の色エネルギーの出入りのバランスを崩すことにもつながるからです。たとえば、過去の嫌な出来事を連想するがゆえに、実はとても身体が必要としている色を患者が避けている可能性は充分にあります。目指すべきは、患者自身がすべての色を同じように受け入れられるようになることです。

　その他の質問として、余暇の楽しみについて聞くこともあります。つまり、その答えからプラクティショナーは、その人の実際の余暇の過ごし方と、本当は余暇をこう使いたいと思っている理想との間のギャップを知ることができるからです。

　プラクティショナーは、脊椎の4つの領域（参照→P.71）に従って、患者の生活についてさまざまな質問をするでしょう。そうした質問に答えることは、時には難しいことがあるかもしれません。プラクティショナーは、患者がそれまで考えたこともなかったような生活側面について考察したり、認識したりする必要があるのです。特に、"生命における精神的、感情的、代謝的、肉体的領域を、あなたはどれだけちゃんと認識していますか"という質問は重要です。その答えは、プラクティショナーが脊椎診断チャート（参照→P.91）を理解するのに役立つだけではありません。患者もその答えによって、どの領域が自分の生活を受入れているのか、もしくは拒んでいるのかを知ることができるからです。

たとえば、脊椎の代謝的領域は、家庭生活を取り巻く問題に関係しています（参照→P.71）。家庭で決められたことをきちんと規則正しく行っているか、そのためにどれだけ気をつかっているか、などに関係しているのです。もし患者自身にそうしたことの重要性がわかっていれば、脊椎のその部分のエネルギーは、美しく輝き、その部分に現れる色はバランスが取れていて、"連結された状態"（参照→P.72）になっているはずなのです。生命の代謝的領域にこのような注意を払う必要性を認識していないと、その領域のエネルギーが阻害されるので、往々にして脊椎の色が褪せてしまいます。その結果阻害されたエネルギーは、全身のエネルギーのスムーズで自由な流れを邪魔します。精神的、感情的、代謝的、物理的領域が、もはやうまく結びつかなくなって、生命のバランスが崩れてしまうのです。そして、ついには病気になってしまうこともあるでしょう。したがって、発病する前にこうした問題が診断されていれば、家庭生活について適切なアドバイスを受けることによって、病気になる前に解決できるのです。このようにプラクティショナーは、患者の回答から、その人が自分の生活を変える気構えがどれだけできているか、ということも把握できるのです。

　ところで、このような質問をする理由は、患者としてカウンセラーに協力したいという気持ちを持ってもらう必要があるからです。カウンセリングは、知ってもらいたいのにうまく表現できない患者の気持ちをうまく引き出すのに役立ちます。しかしプロのカウンセラーは、まだ準備ができてもいないのに、無理にあなたの胸の内を話させようとはしないものです。

ケース・スタディ

ひどい偏頭痛に悩まされていたデビッドに脊椎診断を行うと、繰り返し青い色が現れました。青を使った色彩療法をでは成果が出なかったため、デビッドに青の色彩視覚化をやらせようとすると、デビッドはそれを嫌がりました。どういうわけか、デビッドは青に反応できなかったのです。4回目の治療のころには、デビッドと過去について話し合い、青に対する感情的なわだかまりのせいで、治療がうまく行かないのではないかという可能性を探る以外、やりようがないように思われました。デビッドは、青い服はいままで一度も着たことがないし、家にも青いインテリアはないといいました。青には不安を覚えるというのです。昔ひどく驚いたり、動揺したときに、青い色をみたことがなかったかと、わたしは聞きました。するとデビッドは、8歳のときに電車の事故に巻きこまれたことを思い出しました。それは脱線事故でした。事故があったのは夜間で、寝台車のベッドから落ちたということでした。そのとき、コンパートメントのドアの上には、小さな青い終夜灯がともっていたのです。

デビッドの抱える青色の問題の原因がわかったので、わたしは彼に問題を克服するよう励まし、もう一度その色を受け入れられるようになれば、偏頭痛も治るはずだといいました。青色は、デビッドが認識していない彼の中のエネルギーを表していたのです。青に緊張を抱かなくなるよう訓練すると、そのあとの治療効果は、それ以前より高まりました。デビッドは、ヒーリングの力を受け入れることができるようになったのです。2、3カ月後、デビッドは自分のオフィスの内装を青みがかった色に変えました。そのお陰で、偏頭痛もすっかり治ったということです。

食べ物とオーラ

あなたが食べる食物も、オーラの色の性質に影響します。高度に加工された食物、特に包装され、密封されて保存された食物は、エネルギーを削ぎ、オーラを薄くしてしまいます。しかし肉を多くとると、オーラは濃くなります。オーラが薄い場合、プラクティショナーはその人にもっと魚や肉をとるように勧めるでしょう。

子どもは、生まれつき光輝くオーラを持っています（右）。赤が一番強い色で、正常な活動が行われていると、幼年時代の遊び好きな性格を表しています。

オーラの変化

すでにお話したように、人間のオーラはその人自身の変化、外界の変化に応じて、絶えず変化しています。オーラで大きな変化が見られるのが、次の色と形の2点です。色が変わる時は、おもに自分自身の変化によるもので、肉体のエネルギーの流れが遅かったり、早かったり、阻害されていることを表しています。他方、形の変化は、たいてい外界の変化によるものです。気取らず思った通りに行動できるか、他人から束縛されていないかによって、オーラの大きさが変わり、収縮したり広がったりします。ささいな変化は、生まれつきの調整機能が働いて、修正されます。それより変化がひどい時は、色彩呼吸法や色彩視覚化を使って治します。さらにオーラが深刻な変化をきたしている場合、カラーライトを用いる必要があります。

色の変化

虹色をした人間のオーラが呼吸し、拡大し、縮小すると、すべての色が揺らめき始めます。健康な状態であれば、それらの色は澄んで輝き、非常に密度が濃く、強烈になります。幸福だと花火のようにきらきら輝いて、わずかにぴかぴかした光を帯びます。愛情を抱くと、オーラ全体がアメジストやローズ・クォーツのような色で覆われるのです。しかし、悲しい時はエネルギーの流れが遅くなり、色はやや暗くなったり、さらにはぼやけたりします。たとえば、白昼夢を見る人は、かすかなオーラしかありません。肉体がしっかり固定されていないので、オーラの色も薄いのです。

オーラが色褪せた時に出るもっとも一般的な色は、茶色と灰色です。これは、"エネルギーの流入"と"エネルギーの流出"のバランスが取れていないことを表しています（参照→P.82）。灰色に褪色した場合、その人がある種類のエネルギーの流入を拒否していることを示しています。このような現象は、精神的、感情的、代謝的、物理的のどのレベルでも起きてきます。それは精神的レベルで、他人の考えにしぶしぶ従っていることが原因かもしれません。感情的レベルでは、誰かの感情とかかわり合いを持つことへの恐れを、また代謝的レベルでは、食欲の喪失を意味していることがあります。

褪色する場所は、問題のレベルに応じて変わります。もしも、それが精神的レベルでの問題ならば、外側の層に現れます。感情的、代謝的、物理的レベルの問題ならば、その順序に従って、褪色する部分が肉体に近づいていきます。褪色現象は、もともと美しい光のようなエネルギーのチャクラにも関係してきます（参照→P.64～

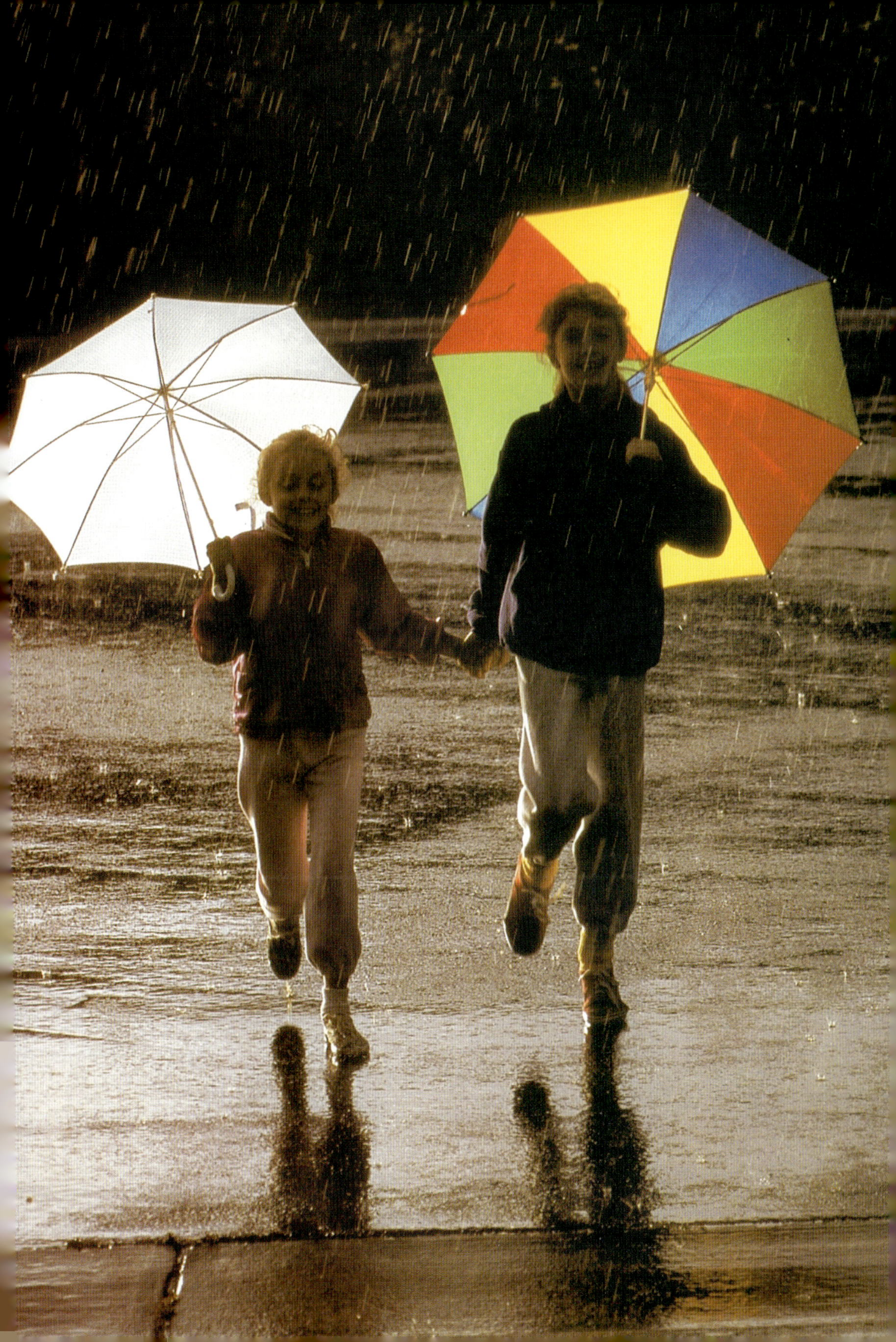

色褪せを診断に用いる

下の表は、オーラにおけるエネルギー障害の意味について書いたものです。エネルギー障害は、オーラが茶色に変色したり（エネルギーを内に溜めてしまっている）、灰色に変色したりすること（エネルギーの流入を阻害している）に代表されます。

65）。誰かの感情に関わることを恐れている場合、オーラの緑の層（心臓と関係している）が灰色になるとともに、心臓のチャクラのあたりも灰色になります。

茶色は、本来その人が解放しなければならないエネルギーを"溜めようとしている"ことを示しています。風邪をひいただけでも、オーラは茶色に褪色して、"悪いこととはわかっているけれども、エネルギーを溜めなければ"といったネガティブな気持ちを表します。したがって、他人から好き勝手に奪うだけで、ほとんど自ら与えることのない人は、より濃密なエネルギーが茶色に褪色しがちです。

チャクラ／脊椎の領域	茶色（エネルギーを中に溜める）	灰色（外部からのエネルギーを阻害する）	トリートメント・カラー
頭頂／精神的	強迫観念的な思想	思慮不足	マゼンタ、黄
額／精神的	強迫観念的なイメージ	イメージの欠如	濃青、オレンジ
喉／精神的	口数が多すぎる	寡黙／自閉症／完璧主義	青紫、黄
胸腺／感情的	卑しい	寛大すぎる／受容できない	オレンジ、青
心臓／感情的	閉ざされている／反応なし	無防備すぎる心／誰彼かまわない	ターコイズ・ブルー、赤
太陽神経叢／感情的	恐怖	自信過剰	青、緑
仙骨／感情的	弱いセックスへの意欲	強いセックスへの意欲	赤、青
基底／物理的	無気力	活動的すぎ	赤、緑

形の変化

オーラの形を変える一番の原因となりやすいのが、ショックを受けることです。なにかのショックを受けると、その人の頭からオーラがさっと引いてしまいます。それは、心臓から引いてしまうこともあり、頭と心臓を無防備にしてしまうのです。この作用は、物理的感覚から霊体を切り離そうとするために起こります。心臓部分からオーラをぬぐい去ってしまうほどの深刻なショックを受けると、感情がもはや肉体につながっていられません。こういう時、人は気

を失いそうだと思ったり、ノイローゼになりそうだと感じます。
　たとえば、ひどい交通事故を目撃したなど、ショックがさほど深刻でもない場合は、24時間後にオーラが元に戻ります。それまでは、ひどく自分が無防備で心もとなく感じられ、いかなる責任をも果たせないでしょう。これは、人格と精神活動が結びついていないためです。
　誤って怪我をしたり、階段からちょっと足を踏み外すなどの軽いショックでは、頭のオーラがごく短い間だけ消え去ります。しかし、深呼吸をすれば、たいていの場合、身体を保護するオーラはすぐに元に戻ります。青い色を思い浮かべ、色彩呼吸法（参照→P.54）を使って青を体内に取り込み、オレンジを外に出してみるのもいいでしょう。最後に、気持ちのバランスを取り戻すため、緑を視覚化して締めくくります。
　電気ショック療法でも、オーラが身体から消えるのです。エーテル層は、身体の生命システムを維持しています。色彩療法は、チャクラ・エネルギーと肉体のエネルギーをふたたびひとつにし、精神と霊魂を、肉体と生命力に結びつける働きを助けます。

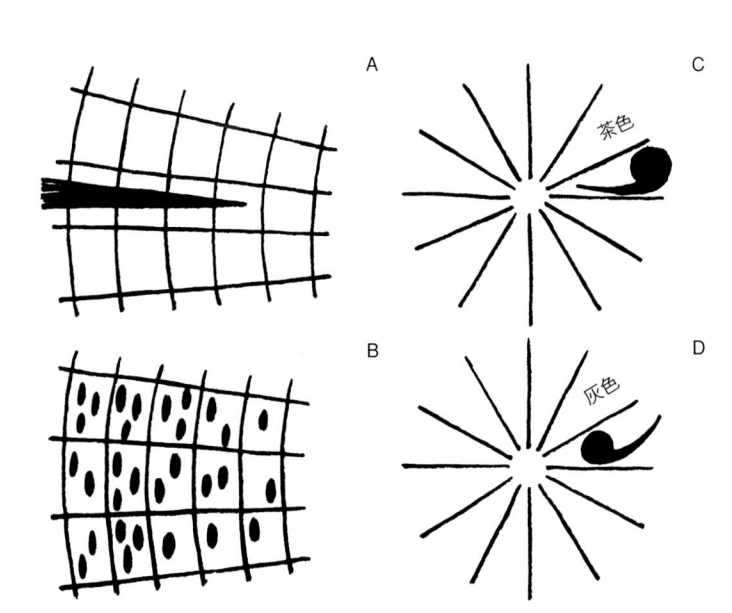

オーラにみる不健康な模様

強い麻薬を服用すると、オーラに楔形の部分ができます。その部分には色がないため、黒く見えます（参照→図AおよびP.90）。これは、身体のエネルギーがきわめて低下していることを示しているのです。

オーラに現れた斑点や影（図B）は、たいていの場合、強い麻薬などより弱い毒素、たとえばアルコールやニコチンなどに反応してできたものです。しかし、それ以上毒素を取りこまなければ、約4時間程で消えてなくなってしまいます。しかし、摂取量が増えれば、またオーラの影の部分も増えてきます。

オーラが茶色に褪色するのは（図C）、エネルギーを解放できないためで（向かい側のページ参照）、灰色のオーラは（図D）エネルギーの受容を拒んでいることの現れです（参照→P.86）。

ネガティブな感情も、あなたのオーラの形を変えますが、ショックによる反応の規模には及びません。憎悪と嫉妬は、オーラの層の端をぎざぎざにして、オーラの構成を貧弱にさせるため、結果として肉体を保護する力は、徐々に衰えていきます。

強い麻薬を服用すると、ネガティブな感情の時と同じようにオーラの端がぎざぎざになり、その習慣を長く続けていると、形が元に戻らなくなります。干からびた丸太のように、オーラが"裂け"はじめ、楔形をしたエネルギーのない領域ができます。この本来なら存在しない無色の部分は、しばらくするとセンターにまで伸びてきて、完全に身体が消耗してしまいます。この楔形の部分は、チャクラ・エネルギーにも影響を及ぼして、いずれかの腺を枯渇させることがあります。そして、身体のまわりのオーラの色は、濁ってしまいます。

脊椎の色の変化

脊椎のダウジングを行うと、身体の色エネルギーについて、はっきりとした指標が得られます。第4章で述べたように、中指でダウジングを行い、その時感じた反応を脊椎診断チャート（参照→次ページ）に情報として書き込めば、健康状態がよくわかるのです。

70ページのように、脊椎骨を下にむかってダウジングすると、指にさまざまな異なる力を感じ、どの脊椎骨がその時活動しているかがわかるはずです。脊椎診断チャート（参照→下記および次ページ）に、その感じた力を記録しましょう。

指の感覚

脊椎をダウジングをすると、熱さや冷たさ、ちくちくとした感覚、反発する力を感じます。ちくちくするのは、生き生きとして健康であることを示すいい兆候ですが、熱さや冷たさ、反発する力を感じたら、それはエネルギーのバランスが崩れていることを表しています。熟練したプラクティショナーが脊椎診断チャートを作るときは、そうしたことを念頭に置いた上で作成します。

反応の強弱を示す記号

微弱	—	—
弱		—
弱から中	—	0
中		0
中から強	0	＋
強		＋
強大	＋	＋

たいてい、32の脊椎骨のうち16、多くて18の脊椎骨が活動状態にあり、11より少ないことはめったにありません。ダウジングで18以上の脊椎骨が活動状態にある場合、自分の感じる力をもう少し磨く必要があるでしょう。しかし、ひどく疲れている人だと、活動中の脊椎骨が18以上みられることもあります。できあがったチャートは、

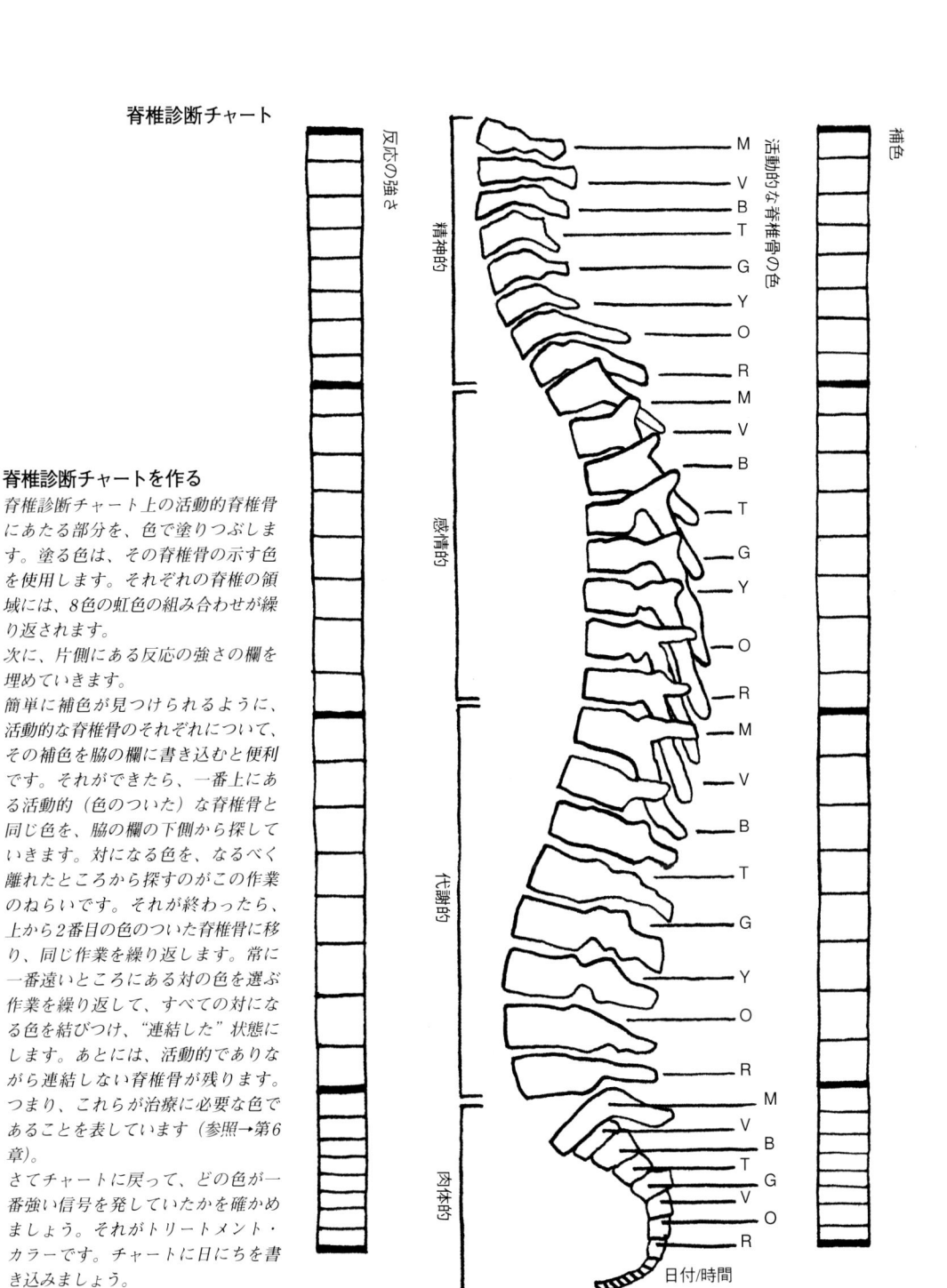

DIAGNOSING COLOUR CHANGES

脊椎診断チャート

脊椎診断チャートを作る

脊椎診断チャート上の活動的脊椎骨にあたる部分を、色で塗りつぶします。塗る色は、その脊椎骨の示す色を使用します。それぞれの脊椎の領域には、8色の虹色の組み合わせが繰り返されます。

次に、片側にある反応の強さの欄を埋めていきます。

簡単に補色が見つけられるように、活動的な脊椎骨のそれぞれについて、その補色を脇の欄に書き込むと便利です。それができたら、一番上にある活動的（色のついた）な脊椎骨と同じ色を、脇の欄の下側から探していきます。対になる色を、なるべく離れたところから探すのがこの作業のねらいです。それが終わったら、上から2番目の色のついた脊椎骨に移り、同じ作業を繰り返します。常に一番遠いところにある対の色を選ぶ作業を繰り返して、すべての対になる色を結びつけ、"連結した"状態にします。あとには、活動的でありながら連結しない脊椎骨が残ります。つまり、これらが治療に必要な色であることを表しています（参照→第6章）。

さてチャートに戻って、どの色が一番強い信号を発していたかを確かめましょう。それがトリートメント・カラーです。チャートに日にちを書き込みましょう。

反応の強さ

活動的な脊椎骨の色

補色

精神的

M
V
B
T
G
Y
O
R
M
V
B
T
G
Y
O
R
M
V
B
T
G
Y
O
R
M
V
B
T
G
Y
O
R

感情的

代謝的

肉体的

日付/時間

脊椎の診断表を使う

"連結している"色の組み合わせを、下記のように書き込みます（右側）。これは、結びつきにどれだけの領域が関係しているかを表します。次に、"連結していない"色を、その色名かシンボル名、もしくは短く縮めた言葉で書き込みます（右側を参考に）。"橋がかかっていない"色は、身体のその領域にその色が欠けていること、つまり治療が必要なことを示しています。"連結していない"色が2つ以上ある場合、一番強い信号を発していた"連結していない"（たとえば、横棒が引かれているようなもの）色を高めます。それが治療に用いる色になるわけです。

脊椎診断チャートをまとめるために使った縦の行の数は、活動的な脊椎骨の数と、"連結している"脊椎骨の数で決まってきます。脊椎を診断をした日時を書き忘れないようにしてください。

一番上にある活動的な脊椎骨とその補色から始めて、"連結している"ペアの印をつけ、そのあと"連結していない"色の印をつけます。

人によって異なります。1日のうちでも身体のエネルギーが変化するので（参照→P.77）、テストをした時の時間を記録してください。時間の経過による変化がわかるように、何かしらの治療を行う際は、その前に新しい脊椎診断チャートを作成しましょう。

脊椎診断チャートを埋めて、補色どうしを組み合わせたら（参照→P.91）、色の意味を検討しはじめます。チャートには、連結した色の組み合わせ、連結していない色の組み合わせがあると思います。すべての色が連結していれば、身体の中のエネルギーの交換が健康的に行われていることを示しています。身体における精神、感情、代謝、肉体の結びつきが、それぞれの機能を認識し、おたがいの間で自由にいったりきたりしているということです。なかでも精神と肉体領域の結びつきは、特によいと考えられます。つまり、上から下まで関連しているということは、感情や代謝の層にも働きかけが行われているということだからです。連結していない色は、トリートメント・カラーそのものを示しています。最も強い信号を発している色を使用して下さい（参照→第6章）。

脊椎診断チャートの情報を用いて、その詳細を簡単にまとめなおせば、エネルギーの連結がいかにうまく働いているかを知るのに役立ちます。また、いくつかの脊椎診断チャートをまとめれば、時間による変化、診療ごとの進歩がわかります。そして、それはその人の基本的な性格を明らかにすることにも利用できるのです。

分析

理想的な関係は、脊椎の精神的および肉体的領域が補色どうしのペアになっていることです。色の組み合わせの中には、ある領域の

脊椎診断サマリー・チャート

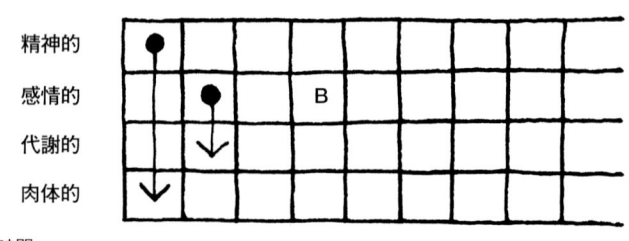

精神的	●				
感情的		●		B	
代謝的		↓			
肉体的	↓				

日付/時間

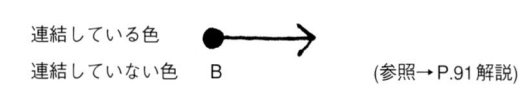

連結している色　●──→

連結していない色　B　　　　　（参照→P.91解説）

中だけで"連結している"場合もあるでしょう。そのような場合、その領域の活動は健康的だといえますが、全体のエネルギーの流れは、やや阻害されているのです。

サマリー・チャートを作成したら、"連結していない"色からダウジングの間に得た信号の力の度合いや種類を再確認します。もし、2つ以上"連結していない"色があった場合は、一番強い信号を発していた色をトリートメント・カラーとします。

それでは71ページの記述に戻って、それぞれの領域がどういう働きをするのかを確かめましょう。熟練すれば、それぞれの領域どうしの関係分析がすんなりとできるようになるでしょう。下記のケーススタディは、脊椎診断チャートをいかに読み取るかについて示しています。

"連結していない"色の意味

精神的

マゼンタ
古い考えを捨てられない、もしくは変えられない。

青紫
自分の精神的働きを敬っていない。あるいは尊重していない。

青
精神プロセスが緊張している。心が乱れている。

ターコイズ
他人の考えを退ける免疫がない。

緑
精神作用がバランスを欠いている。

黄
自分の事ばかりを考えて、客観性を欠いている。

オレンジ
精神働きに、喜びや幸福が感じられない。

赤
エネルギーや力がなく、すぐに疲れる。

感情的

マゼンタ
過去の感情を解放できない。

青紫
自分の感情を尊重できず、恥じている。

青
ラックスしていない。自分の感情を楽しめない。

ターコイズ
他人の感情に感化されないでいられない。

緑
人間どうしのつきあいの問題で、動揺している。

黄
他人の感情から、距離をおけない。

オレンジ
喜びや幸福感が欠けている。

赤
自分の感情を表現する力やエネルギーがない。

代謝的

マゼンタ
食生活、家庭における変化が必要なことを無視している。

青紫
家庭を蔑ろにし、家族を見下している。

青
食事もしくは勉強する時間、家庭を楽しむ時間がない。

ターコイズ
消化系が弱っているか、炎症を起こしている。

緑
家庭生活がバランスを欠いている。食生活も同じ。

黄
カルシウムの代謝に注意。関節炎にかかっているかもしれない。

オレンジ
食欲不振を表していることがある。

赤
消化不良で、エネルギーを欠いている。

肉体的

マゼンタ
平日や週末の過ごし方を変える必要がある。

青紫
身体を粗末に扱っている。

青
せかせかして、物事を行っている。

ターコイズ
周囲のことにいとも簡単に影響される。

緑
秩序や計画がないままに行動している。

黄
もはや必要なくなったことをしている。

オレンジ
自分の行為に幸福感や喜びを覚えない。

赤
肉体の力やエネルギーが充分にない。

性格診断

性格診断は、あなたの行動パターンを知る手がかりとなります。言い換えれば、その行動パターンから健康がいかに阻害されるのか、そしてその後、それを癒すには色彩療法からどれだけの恩恵を得られるかがわかるのです。

カラー・リフレクション・リーディング

これは、色彩心理学を利用する実践的な技法で、これを用いると、色からわかりやすいアドバイスが得られます。この方法は、1985年にドロシー・サンとハワード・サンの夫婦によって考案されましたが、ここでは、その技術がどのような効果をもたらすかについて、簡単に述べます。カラー・リフレクション・リーディングに必要な時間は約1時間、その結果は、カウンセラーに分析してもらう必要があります。そのほかの色診断や治療法については、第5章と第6章に書かれている、さまざまな技術を用います。

ここに、形を持った8つの色（参照→P.47）を2列に並べて書いた白い紙があります。そこから選んだ3つの色で、あなたの心の奥底にある考えや感情がずばりわかるのです。つまり、カラー・リフレクション・リーディングでは、色というものを人間の肉体や感情、精神的な幸福などに関連した情報を反映させる、新しい言語として用いているわけです。

エクササイズ

いま好きな色を、3つ選んでください。考えてはいけません。雑念が入らないように、直感を働かせて、ぱっと色を選ぶことです。もともとの"好きな色"や、そのときの気持ちに影響を与えるような出来事は忘れてください。そして選んだ3つの色を、自分の好きな順にばらばらと並べてください。

分析

多くの色から最初に選んだ色は、その人の本質、基本的な性格を表しています。2番目に選んだ色は、肉体的、感情的、精神的、霊的レベルにおける現在の状態を示しています。自己の奥深くに眠る潜在意識の中の欲求や課題などを反映しているのです。3番目の色は、いかに次のステップに進むか、自己認識をさらに一段深めるにはどうするか、といったことを表しています。

選んだ色の意味

1番目：創始者、開拓者、創造者。活動的で即物的。感情と理論を調和させ、自分が求める心の平静を保つ必要があります。

2番目：活発になる必要がありますが、その時はエネルギーを枯渇させないように。他人を無理に支配しようとせず、心の暖かさや友情を表現するようにすべきです。

3番目：活動的になりたいと思っていても、今は疲れています。充電して、身体を休めるべきです。

1番目：喜びにみちあふれ、エネルギッシュな状態にあります。時々、活動的になり過ぎて、疲れてしまいます。自分の内なる声を聞いて、おだやかな心を学び、根底にある本能的性質を信じることです。

2番目：最大の課題は、自分のために時間を作り、心と身体の平静を持つことです。

3番目：内気になっています。もっと勇気と自信を持つとよいでしょう。いつもより冒険心を持つようにしましょう。

黄三角	**1番目**：常に情報を探そうとします。口が達者で、人の上に立つことができます。責任のある仕事に就いている人が多いでしょう。	**2番目**：課題は精神的能力だけでなく、肉体について考えることです。そうすれば、今にふさわしいエネルギーを発揮できます。	**3番目**：勉学などを通して、精神を充実させる方法を見つけ出し、人生に楽観主義を取り入れるようにすべきです。太陽の下での休暇は、それを助けてくれるかもしれません。
黄緑円	**1番目**：円満な性格ですが、用心深すぎて、自発心に欠けることもあります。きれい好きで、てきぱきとしています。ナチュラル派志向でしょう。	**2番目**：主な課題は、自分の感情を表現し、自分が傷つくことを恐れず受け入れることです。満たされない欲求が原因で、行動しているかもしれません。	**3番目**：人ともっと交わると、気分が高揚して、自分が価値ある人間だと思えるようになり、深刻な雰囲気が和らぎます。罪悪感や無力感もなくなります。
青緑逆三角	**1番目**：創造力が豊かで、新しいアイディアにあふれています。自分をはっきりと表現できるため、人気があり、過酷な要求にも応えられます。洞察力が鋭く、霊感が鋭いのが特徴です。	**2番目**：他人からの要求を抑制する方法を学び、自分に考える時間を与えるべきです。毒や病気から肉体や精神、感情を守るため、身体を浄化する必要があるかもしれません。	**3番目**：成長するための過程として、試練を進んで受けようとしますが、それによって恐怖を覚えたり、不安になったり、動揺したりしています。
青六角	**1番目**：やさしく、信頼できる人です。他人を安心させます。真実と誠実さを高く評価します。自己の内面を探るのに没頭しすぎて、他人から孤立してしまう可能性もあります。	**2番目**：沈黙と知識があなたの力となっています。主な課題は、自己をもっと直接的に表現し、無気力や鬱状態に陥ることを避けることです。	**3番目**：フレキシブルになって、日々の生活にもっと世俗的で現実的な気持ちを抱くことです。自己を充電するために、リラクゼーションを使うべきです。ルーチンとしたり、現実逃避の方法として使わないようにしましょう。
青紫五角	**1番目**：赤と青の混ざった色を選んだ人は、自分の霊性がしっかりと根を下ろしています。趣味がよく、芸術を理解します。形式的に、自分の描く理想を実現できるかどうか、不安を抱いています。	**2番目**：権力のある立場にあったとしても、他人から認められることが必要です。でないと、自分の責任を鬱陶しく思うようになります。我慢が大切です。	**3番目**：青紫は、人に創造力の行使を促し、他人とそれを分かち合うようにさせます。天から与えられた忠誠心、直感、知恵を活用できるように訓練すべきです。
赤五角	**1番目**：優しくて、協力的で、人付き合いがよいでしょう。人生とはなにかを深く理解していて、人間的に成熟している人が数多くいます。人の世話をする仕事に就いていることが多いでしょう。	**2番目**：最も大きな課題は、与えるものと受け取るものとのバランスを取ることです。自分の欲求を犠牲にしがちです。受け取り方も、よく学ぶべきでしょう。また自愛し、自己の欲求を尊重すべきです。	**3番目**：基本的な生命力（赤）と、天から与えられた力（青紫）を混ぜようとして、自分を過信している危険性があります。そうした考えは捨て、自分のやさしい性質を輝かせるようにすべきです。

ケース・スタディ

ハリーは29歳、体格は平均的、身長は178センチです。コンピュータ・エンジニアで、頭がよく、おとなしい性格です。着ていた服は、褪せた『ブラウン』のシャツと、『ネイビー・ブルー』のズボンでした。ハリーが選択した色は、1番が『青』、2番目に『緑』、3番目に『オレンジ』でした。

1番目の色：青

この色を選んだ人は、もの静かで優しくおだやか、自分の世界に閉じこもりがちな内省的な人です。ハリーのように"青の人"は、真実や誠実な心といったものを高く評価し、人生においては軽率な行動を取らず、慎重にことに当たろうとします。審美眼は鋭く、その眼が物質的なものに向けられることはあまりありません。ハリーは、こうした特徴が自分の性格に当てはまることを認めました。所見からは、ハリーは自信を失っているために、はつらつとした感じがなく、表情に乏しいように思われました。また、温和な顔の表情と抑揚のない声から、覇気がなく、深い悲しみが心に根を下ろしていることがわかりました。この結果をハリーに伝えると、ハリーは常に鬱状態に陥っているのだというのです。このような症状は、青の人格の人にはかなり多く見られる症状です。

ハリーは仕事で昇進したり、友人とともに時間を過ごしたりすることに興味がありませんでした。その代わり、ほとんど毎晩、ひとりで家にいました。それゆえにハリーの課題は、鬱症状にとって代わって、人生に積極的に取り組めるようになることでした。

第2の色：緑

緑は、ハリーが広々とした場所に出ていきたいという気持ちを表していました。彼は、自然あふれる田舎を愛し、山の頂上や断崖や丘の上に坐っていると、自分が心から解放された気分を味わえるといいました。このような自分を見つめる環境に、ハリーが大きな喜びと自己充足を見いだすことは明らかでした。そのあと、野外でもっと過ごすことができたらどれだけいいか、とハリーは言うのです。潜在的に追い詰められた状態にあると思っているのではないか、と聞くと、ハリーはそれを認めました。実は、コンピュータ・エンジニアとしての仕事をやめたいと思っていたのです。"息が詰まるようなオフィスに1日中閉じ込められて"一生を過ごすことは、ハリーの理想ではありませんでした。もっと創造力を使い、自分をより意味のある方法で表現することにより、自己満足を得たいと思っていたのです。

第3の色：オレンジ

オレンジは、ハリーが危険を冒して、いつものやりかたを打破する必要があることを示しています。ハリーは注意深く計画し、積極的な行動をとることで、自己の欲求の実現に向かいはじめました。オレンジは、最初に選んだ色、青の補色。つまり、ハリーの目的が彼の本当の性格／資質と一致していることを表しています。オレンジは、ハリーの本来の潜在能力を呼び起こし、喜びと幸福を与え、心の輝きと人生への熱意をふたたびもたらすはずでした。閉じ込められ、捕らわれていると感じていたときには、彼自身は緑のエネルギーを要求していたのですが、潜在している将来的な欲求対してはオレンジが一番いいと、わたしたちは勧めました。

処方と忠告

しかし、オレンジのエネルギーを体験し、有効に活用できるようになる前に、ハリーはしばらく緑のエネルギーを用いる必要がありました。わたしたちはハリーに、色彩カウンセリングを受けるようにアドバイスしました。そうすれば、自分のおかれた状況を客観的把握し、目的を達成して、人生において自分がもっとも望むものを作り出せるようになれるといったのです。その結果、色彩カウンセリングで行ったカラー・リフレクション・リーディングでの彼の選ぶ色の移り変わりをみれば、彼が回復していく様子がわかりました。ハリーは、2番目に選んだ緑に現れている自己の課題に対して、取り組む必要にひどく迫られていました。カラー・カウンセリングは、緑からオレンジへの移行を早めるのに役立ちました。オレンジは、ハリーが人生で本当に望んでいることを実現するのに必要となる、さらなる一歩を踏み出すように促します。これまでのところ、ハリーは過去4カ月間で8つのカウンセリングを受けています。もはや、カウンセリングを退屈でつまらないものとは思わず、自分が変わるための手段としてとらえています。ハリーが目指しているのは、いままでより強い自分になることで、過去4か月の間、隔週ごとに田舎にハイキングに出かけるようになりました。そして、ハリーは以前より幸福になり、自分の望みを現実にする潜在能力があることに気づきはじめています。

リュッシャー・テスト

　リュッシャーのカラーテストは、患者に1セットの色つきカードを見せて診断するものです。マックス・リュッシャー博士によって考案されたこのテストは、1947年以来、心理学者や内科医にずっと使われてきました。簡易テストでは、プラクティショナーが患者に、8つの色を好きな順番に並べるように指示します。やがて選ばれた色の順番で、意識下、無意識下にある情報や、ストレスを感じている部分、腺器官のバランスの崩れ、その他生理学的情報などがわかります。熟練したプラクティショナーは、これで病気を診断するほか、場合によっては発病も予知できます。

　このテストで使う基本色は、4つの"心理学的原色"といわれる青、黄、赤、そして緑です。色の選択は本心を映したもので、より深い欲求と密接に結びついています。青は平静をもたらし、黄は（自然光の色の近い）活動をもたらします。黄の明るさは、目の奥の化学物質を分解――分解代謝――し、青の暗さは化学物質を再生――合成代謝――します。それと同じことが、赤と緑にも当てはまります。赤が分解代謝し、緑が合成代謝するのです。

　合成代謝と分解代謝のどちらを身体が必要としているかで、患者の選ぶ色は異なります。精神的、もしくは肉体的に、おだやかな感情や肉体的再生、緊張やストレスからの解放を必要としていたとしたら、その人が本能的に反応するのは暗めの色です。また、精神的、肉体的活動によってエネルギーを発散したいとしたら、本能的に明るめの色を選びます。このように、色は人間の人格や欲求を鋭く反映するのです。

　しかし、熟練したカラー・プラクティショナーでも、リュッシャー・テストにはとまどうかもしれません。色彩療法では、色の形や様式（参照→P.46～47）が与える影響を考慮する必要があるからです。リュッシャー・テストで用いているカードの様式にうまく対応できれば、リュッシャー・テストとは別のやり方、つまり形がいずれのカードも三角形だったり菱形だったりするものでもうまく反応できるでしょう。過去の事例から、それは確認されています。

　そういう意味で、リュッシャー・テストは治療で使うには限界がありますが、人格を知る上では非常に役立つ手段と言えましょう。

色と意味

リュッシャー・テストにおける8色の意味は、選んだ順番によって変わります。1番目、つまり"もっとも好きな色"として選んだ色の意味は、カラー・プラクティショナーがそれぞれにあてはめている、以下のような意味になります。

灰：あいまい。中立。責任感の欠如。

青：平和、静けさ、平静。

緑：粘り強さ、一貫性、変化に対する抵抗。

赤：行動、効果、意思の反映。

黄：行動による自発的な喜び、抑えられることのない心の解放、リラックス、重荷からの解放。

青紫：赤と青の混合、願望の実現、直観的理解、時によっては無責任、感情面の未熟さ。

茶：赤を含むが、赤のようなバイタリティはない。肉体の感覚が研ぎ澄まされている。

黒：死滅。否定。

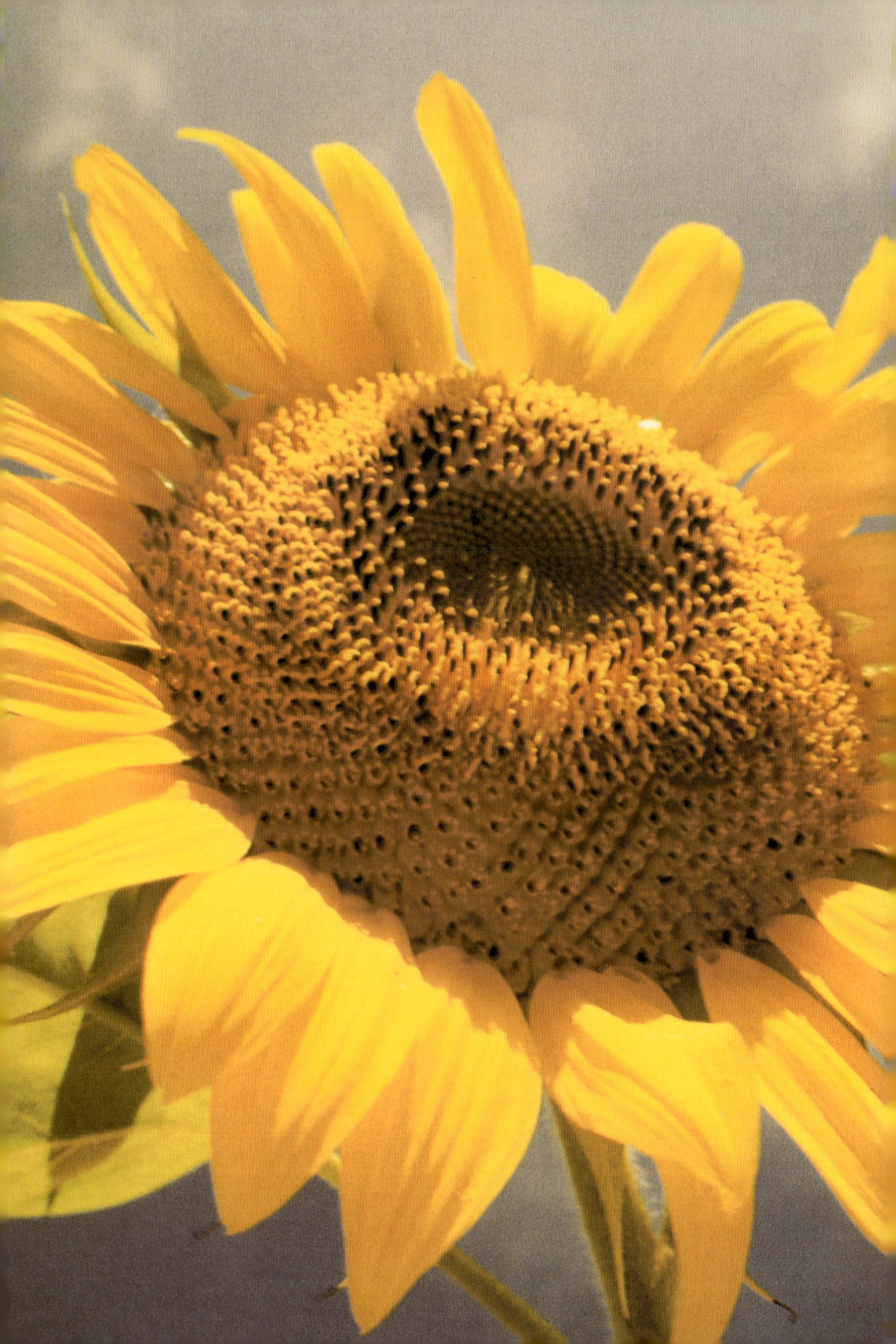

CHAPTER SIX

色彩療法
healing with colour

第5章で述べた診断法を理解できたら、隣のページにあるチャートを見て、病気の治療法を確かめましょう。この章では、色彩療法に用いる器具やテクニックについて取りあげ、説明します。まず、プラクティショナーがどのようにしてヒーリングを始めるかを（参照→下記）述べて、そのあと色彩療法のテクニックを解説します。色彩療法のテクニックは、大きくわけてふたつあります。顔料の色を使用する（参照→P.102～106）ものと、カラーライトを用いる（参照→P.108～122）ものです。
　最初のテクニックのカテゴリーに属する色彩認識エクササイズ（参照→P.103～106）は、記憶を刺激し、創造的な思考を助けます。発作後の麻痺の回復を助け、神経系統や視力を回復させます。適正な色のシルクや服、食物（参照→P.105）を選ぶと、プラクティショナーによる施術過程で、せっかくの治療効果を失わないことになるのです。
　カラーライトは、色をヒーリングに用いる方法の中では最も精巧で、一番効き目が高いものです。色彩療法は、カラーライト装置の使用をきっかけに大きく進歩しましたが（参照→P.110～113）、色の力を利用する方法は他にもまだあります。色彩呼吸法と色彩視覚化のテクニックは、第3章ですでに述べました。この章では、水で屈折させたカラーライトを身体に伝えるカラー・バス（参照→P.114）からアイ・ヒーリング・ランプ（参照→P.116）まで、ライト・トリートメントの補助器具を取りあげています。さらに、カラー・オイル（参照→P.117）や水晶（参照→P.117～118）による治療効果の特性についても触れます。またこの章では、どのようにして複数の治療を組み合わせるか、いつ、どのようにして治療を終えるか、などについても取りあげます（参照→P.122）。ほとんどの治療法は自宅で行えますが、110ページから113ページのカラーライトを用いた治療は、専門のカラー・プラクティショナーに施術してもらわなければなりません（参照→P.111）。

患者の受入れ

　プラクティショナーが患者を受け入れる時、その出会いで一番初めに覚える感覚は、感情――心臓のあたり、もしくは魂と呼ばれる――からわき起こるものです。あなたが他人と接するときは、出会いによって引き起こされた感情的レベルを自覚せず、おそらく頭を使って、相手やその時の状況を見極めようとするでしょう。そうした短時間での評価は、自分の魂が真っ先に直観で感じた体験よりも、しばしば重んじられるものです。もちろん、心の反応の後に起こる

知性の評価が、第一印象の正しさを裏づける時もあります。しかし、知性が直観と正反対の判断を下して、第一印象を歪めてしまう時もあるのです。ふと覚えた感情的な反応を信じることが、ヒーリングを始めるにあたっては、重要な最初の一歩となります。そうすることで、他人から与えられるメッセージを素直に受入れられる態勢でいられるからです。その後、みなさんが最後に直接体験するのが、肉体を用いた見極めです（参照→P.44～45）。

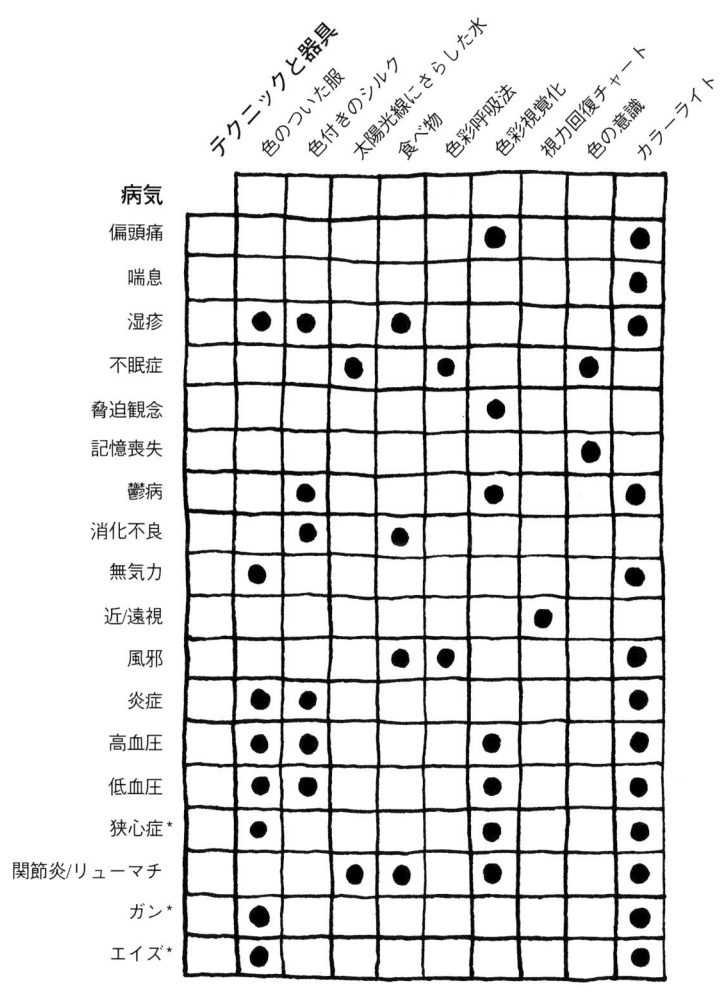

病気	色のついた服	色付きのシルク	太陽光線にさらした水	食べ物	色彩呼吸法	色彩視覚化	視力回復チャート	色の意識	カラーライト
偏頭痛					●				●
喘息									●
湿疹	●	●		●					●
不眠症			●		●			●	
脅迫観念					●				
記憶喪失								●	
鬱病		●			●				●
消化不良			●	●					
無気力	●								
近/遠視							●		
風邪			●	●					●
炎症	●	●							
高血圧	●	●			●				●
低血圧	●	●			●				
狭心症*	●								
関節炎/リューマチ			●	●					●
ガン*	●								●
エイズ*		●							●

＊印…医師の指導なしに治療を受けないこと

TREATMENT TECHNIQUES 101

プラクティショナーは、患者と接する時にこうした3つの"突き合わせ"を行い、肉体を持つ人間としてだけでなく、眼に見える霊的存在として患者をとらえます。一番最初に、直観的に心で覚える感覚を通じて患者の霊的側面を知り、それを信じることで、プラクティショナーは完全に患者を受入れられるようになるのです。これが治療を行うための最初のステップです。

霊性とヒーリング

色彩療法は、身体の中のエネルギーの自由な流れに働きかけます。ヒーリングにとって基本となるのは、人格と超意識（ハイヤー・コンシャスネス）との結びつきです。超意識は、宇宙エネルギー、神、もしくは"完全な存在"などと表されることもあります。また、人格と超意識との結びつきを、"霊性"と呼ぶこともできます。ヒーリングは、肉体的、感情的、精神的機能を調和させてスムーズに働かせ、身体のエネルギーと宇宙エネルギーの交換が自由に行えるようにするものです。

プラクティショナーは、カウンセラーとして患者と話し（参照→P.84～85）、そこから最も適した治療方法を考えだします（参照→P.101「チャート」）。治療は数カ月かかる場合もあれば、1回のカウンセリングで済んでしまう時もあります（参照→P.122）。プラクティショナーは、色彩療法のテクニックをいくつか組み合わせることもあります。治療効果を維持するため、専門家による治療と治療の間に、患者が自宅でできる、色を使ったエクササイズを与えることもあります。

色認識エクササイズ

このエクササイズは、色と形を組み合わせて、創造の右脳と論理の左脳をいっしょに働かせようとするものです（参照→P.46）。色は補色どうし、形はうまく重なるようにできています（参照→左ページ）。最初の形は"器"、その次はその"中身"（参照→P.47）です。これら対極に位置するエネルギーは、人間のイメージに対する反応を飛躍的に向上させます。最後のカードは、2つの色と形を組み合わせたものです。これらを組み合わせようとすることで、精神的、感情的、肉体的に刺激が与えられるのです。

このエクササイズは、記憶力や創意工夫の力を高めます。また子どもにおいては、創造力や美的感覚の発育を促します。ヒーリングの技法としては、不眠症の改善、神経系の回復、視力の向上、発作後の麻痺の治療などに用いることができます。

エクササイズ

絵の具かフエルト・ペンを使って、図柄を書き直します。大きさは約11センチ四方で、中はムラなく塗りつぶしてください。次に、1.2から1.5メートル離れた壁に、最初の3枚1組のカードを置きます。その最初（器）の形を15秒から30秒凝視したあと、何も書かれていない白か灰色の紙をその上に被せ、それを15秒から30秒ほど見て目を休ませます。次に、2番目（中身）の形の中心を15秒から30秒見つめ、その後先ほどと同じように紙を被せて、なにも書かれていない紙を見つめます。最後に、3番目――組み合わせ図形――の図柄を同じ時間見つめたあと、それまでと同じ手順で、何も書かれていない紙を見つめます。

全8セットを、朝夕行います。1回にかかる時間は、約20分が目安です。これを2、3週間繰り返し続けます。

もしくは、1回に2セットのみを使います。そのときは、補色どうしのセットを用います。たとえば、セット1（赤）はセット5（ターコイズ・ブルー）、といった具合です。直観で、そのとき使う色を自由に選んでください。

この時、自然光もしくは完全スペクトル灯（参照→P.36）が、このエクササイズには最適な明かりです。

COLOUR CONSCIOUSNESS EXERCISE 103

器　　　　　　　中身　　　　　組み合わせ図形

セット1

セット2

セット3

セット4

プラトンの立体

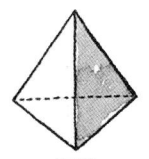

4面体
(4×3)
火、人間、視覚、
認知、意識、赤色に関係

8面体
(8×3)
空気、鳥、音（聴覚）、
ピラミッド・パワー、黄色に関係

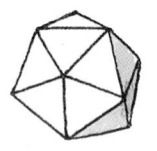

20面体
(20×3)
水、爬虫類、味覚、青色と関係

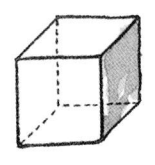

6面体
(6×4)
土、哺乳類、
嗅覚、緑色と関係

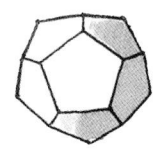

12面体
(12×5)
エーテル、霊、
感触、青紫色に関係

色、形、聖なる多面体

古代幾何学の始まりは、神、基本的統合、宇宙全体の具現化にあります。古代ギリシャ人（紀元前7世紀～2世紀）は、森羅万象の源となった空間や関係、様式、割合などを視覚化しようとして、幾何学模様を考案しました。その形は、"神聖幾何学"として知られるようになりました。現代の西洋科学の思想では、断片と断片が作る模様や割合の関係の重要性が受け入れられて、断片それ自体よりも、模様と割合の関係が人間の知覚に影響を与えているという考えが認められています。

古代幾何学者と同時代のプラトンは、世の中が基本物質でできていると考え、それぞれに象徴的な形を与えました。5つの"立体"で表現したのです。プラトンの立体は、神聖幾何学の中でも特殊なものです。それぞれの立体は、すべての辺の長さが等しく、内角も等しくできています。そして基本物質は、昔から色と結びつけられています——火は赤、水は青、などといった具合です。プラトンの立体は、人間や動物、植物、鉱物などの体の細胞組織のひな型といえます。ヒーリングで用いられる色のついた平面の図は、プラトンの立体から最終的に考え出されたものです。三角の面を基本とした形は、伝統的に男性エネルギーを意味しています。四角を基本とした6面体は、女性エネルギーを表しています。五角形の12面体は、生命の数（3人の男性と2人の女性）を表しています。

顔料を使う

　印刷された色もしくは染められた色は、色彩療法やカラーライトを用いた治療と、治療の間の回復効果維持に役立ちます。病気の治療によっては（参照→P.100、P.102〜103、P.107）、とりわけ顔料色を用いるのが効果的という場合もあります。インテリアに色を用いて得られる一般的な効果は、第1章でお話しました。そこで、服やシルク、食べ物、視力回復チャートに使われる色を治療に用いる方法について、ここでは触れておきましょう。

色のついた服

　色のついた服を着る効果は、ほぼすでに述べた（参照→P.22）とおりです。高い血圧を下げたいのなら、青い服を着ます。いまよりエネルギーを与えて、低い血圧を上げたいのなら、赤い服を着るといった具合です。過去の事例から、赤い服を着ると、低血圧が原因の低い体温から生じる無気力が治ることもわかっています。オレンジを着ると、鬱症状と戦うことができます。ターコイズ・ブルーは免疫性を高め、炎症の鎮静化を助けます。

　どのような場合でも、洋服は自然繊維のものを着るようにしましょう。身体が呼吸できるからです。空気の出入りだけをいっているのではなく、より純粋な色エネルギーを肉体の中に出入りさせるためでもあります。

色つきのシルク

　シルクは、色エネルギーの伝達にもっとも優れた素材です（参照→上記）。上記にあるような色の効果を参考にしながら、贅沢にも大判のシルクを素肌に巻き付けましょう。できれば、シルクを巻いた身体全体に陽の光を浴びた状態で横になります。そして、好きな音楽を20分程度聴きます。これを週に3回ずつ行うと、最も効果があるのです。

食物

　彩りのよい食事は、おいしそうに見えます。直観を信じて、素直に食べたいと思ったものを食べましょう。広告などの外界の影響を受けず、自分の考えに従えば、自分の身体が必要としている食べ物の色を選べます。

治療における顔料の価値

光エネルギーの弱まったものが固体だとする理論からすれば（参照→P.37）、固体の中の顔料の色も、光エネルギーが減少して物質化したものということになります。しかし顔料は、その元となった光エネルギーを記憶しています。それに対して植物は、その記憶をいまだ保っているため、植物染料は化学合成染料よりヒーリング効果がある、と考えられているのです。その点顔料は、光のように身体を貫くことはできないので、顔料を用いたヒーリングの道具は、光を使ったものより効果が薄くなっています。

顔料と光

ヒーリングにおいて、顔料と光の効果の違いは、さほど明確ではありません。服やシルクに使われる顔料は効果があります。それは、光が色のついた繊維を通して肉体に入るからです。
視力回復チャート（参照→P.106）は、顔料と光の効果をコンビで用います。顔料の色をじっと見つめたあと、明るい方に目を向けて残像を見ます。

視力回復チャート

　目のトラブルは、視力を生み出す働きが低下していることを表しています。ある時間、同じ距離を見続けなければならない作業をやりすぎると、目の機能を損ないます。視力回復チャート（参照→左）は、疲れ目を蘇らせ、健全な視力を維持できるよう、日常的に目を刺激します。もっと深刻なトラブルの場合は、116ページのアイ・ヒーリング・ランプを使うとよいでしょう。

　健康な細胞はたえず変化していて、あたらしい物質を取り入れるとともに、不要になった細胞を代謝しています。視力回復チャートは、エネルギーと細胞組織をおだやかに動かして、以前より活き活きとした働きを復活させます。青は血管を広げて有機体の緊張をほぐし、赤は活動レベルを高めます。その弛緩と収縮の働きが、目全体を刺激します。

ヒーリング・ライトを使う

　光とその色は、万物創造の源となったエネルギーから生まれます。光エネルギーは、すべての生物を貫き、植物や動物、人間の生化学組織に影響を与えます（参照→P.20）。

　身体の中に光を取り込む方法はたくさんあります。第3章で述べた色彩呼吸法や色彩視覚化からは、ほかのいかなる方法にも負けず劣らず、高い効果が得られます。しかし、色彩療法に使われるカラーランプには、もっと直接的な効果があります。患者が色を認識できるできないに関わらず、色エネルギーが体内に浸透するからです。

視力回復チャートを使う

まず、青い八角形をじっと見つめてください。そのまま、15秒から20秒ほど凝視します。次に、なにも書かれていない白かグレーの紙を15秒から20秒ほど見つめます。すると残像が現れ、やがて消えます。今度は赤い方を見て、同様のエクササイズを行います。これを1日6回ずつ行います。

このチャートは自分でも作れますし、印刷されたものを手にいれることも可能です（参考文献：参照→P.124）。毎日見られるように、壁に向かって目の高さの位置にチャートを貼りつけましょう。

HEALING WITH LIGHT 107

器　　　　　　中身　　　　　組み合わせ図形

セット5

セット6

セット7

セット8

このセクション（参照→P.108〜123）では、カラーライトの持つヒーリングの性質を利用したテクニックを取りあげます。初めに、色彩療法でも、もっとも主流なヒーリングテクニックのひとつ、カラーランプ（参照→P.108〜113）の使い方について述べます。そのあと、アイ・ヒーリング・ランプ（参照→P.116）や、ハイ・コ・ジェット・バス（参照→P.114）など、プラクティショナーが使うカラー・ランプ以外の補助器具について述べていきます。最後のセクションでは、自宅でできる太陽にさらした水（参照→P.115）や、オイル（参照→P.117）や水晶（参照→P.117〜118）の利用法を取りあげることにします。

色彩療法の器具

患者にカラーライトを照射する器具は、いろいろ作ることができますが、主眼をそこに置いて作られた最初の装置は、色と形を組み合わせたもので、1969年、イギリスのグロスターシャーにあるハイジア・スタジオで発明されました。

その色彩療法の器具は、完全スペクトル灯を箱の中に入れたものです。箱の片側に、すりガラス1枚と色ガラスのフィルター1枚があり、一番外側には明かりの絞りを調整するスクリーン、もしくは"覆い"があります。この仕組みによって、トリートメント・カラーが治療効果を（参照→P.47）を高める特定の形になるのです。形については、すでに色認識エクササイズで取りあげています（参照→P.102〜103、P.107）。

質の高い色ガラスのフィルターを使うと、必要な色の全スペクトルが確実に患者に照射されます。そのフィルターは人工のものですが、化学的組成を見ると、宝石に見られる天然酸化物の組成に似ています。金、銀、銅、マグネシウム、コバルトを液体石英に混ぜ、宙吹きしたのち、板状にカットしたものです。

ライト・トリートメント

脊椎診断やオーラ分析、その他第5章でお話した診断技術を用いて、あなたのトリートメント・カラーを決めたら、プラクティショナーは、ハイジア・スタジオで開発された色彩療法用の器具としてのカラー・ライト治療を決断するかもしれません。

生色となるトリートメント・カラーは、その色の補色を使って交互に照射します。トリートメント・カラーがオレンジなら、その補色は青。マゼンタならば緑、青紫ならば黄、赤ならばターコイズ・ブルー、となります。患者は、治療のために全身真っ白なガウンを

着て、布を通して身体に当たる色を歪めないようにします。次に、色彩治療器具の正面、2メートル離れたところに腰を下ろすか、横になるかして、楽な姿勢をとります。スタンドには、上にトリートメント・カラー、下にその補色が来るように2つの色をセットします（参照→下記）。

　色と形を組み合わせるだけでなく、ライト・トリートメントはリズミカルに行われなければなりません。タイマーで厳密に管理される照射の時間は、"黄金分割"比率に則っています（参照→P.38）。最初のトリートメント・カラーの照射時間は45秒、次に補色側に切り変えて、3分15秒照射します。トリートメント・カラーの照射の時間が5分15秒に達するころには、補色の照射時間が45秒にまで減少します（参照→下記）。全照射時間は19分45秒。そのうち、トリートメント・カラーの照射が12分30秒、その補色が7分15秒なので、"黄金分割"比率に則っている訳なのです。トリートメント・カラーとその補色を照射する時間の例を、下記に分単位で記しています。

補色の必要性

過去の事例から、あるひとつの色を用いて治療をおこなうと、ヒーリング効果のほかに、物理的な病気の症状を軽減する効果が得られることがわかっています。しかしこの場合、日光を浴びると元の状態に戻ってしまうのです。研究の結果、たとえば高血圧の治療がまさしくこれにあてはまるのです。

すべてのエネルギーには、それと対になるエネルギーが存在しています。したがって、補色どうしを治療に用いることは、必然性があるといえるでしょう。

カラー・ライトの治療時間

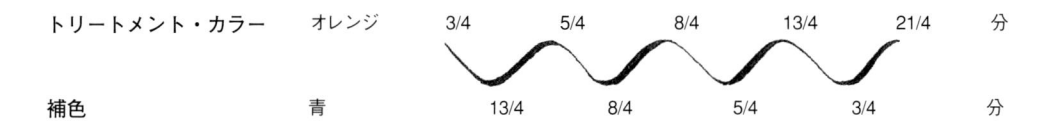

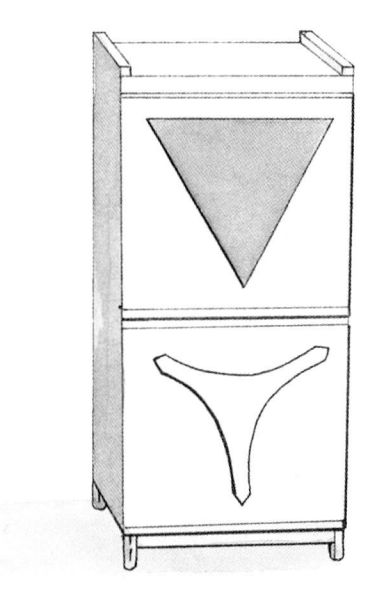

トリートメント・カラー	オレンジ	3/4	5/4	8/4	13/4	21/4	分
補色	青	13/4	8/4	5/4	3/4		分

色彩療法の器具

この器具（左）は、ハイジア・スタジオによって開発されたもので、色の効果が高まるように、全スペクトルの色を特定の形と組み合わせて照射できるものです（参照→P.110～111）。

トリートメント・カラー（上部）と、その色の補色（下部）の照射はリズミカルに行われ、照射時間は厳密に測定されます（上記参照）。

この器具は、治療に使われる色の効果を"弱める"日光を避け、暗い部屋で使用します。

それぞれの色の照射の終わりでは、一方の色を徐々に暗くしながら、もう片方の色を少しずつ強くして最大値にもっていきます。患者がリラックスして眠ってしまうのは、いい傾向です。色がよく体内に吸収されていることを示しているからです。

　治療後、もしくは患者が目覚めると、すぐに感情面の反応が見られると思います。それは患者の中にあった、阻害された感情のエネルギーが解き放たれたことによるものです。これは、オーラの色にもすぐに反映されます。それまでエネルギーが受けられていないことを示す灰色のオーラは緩和され、エネルギーが内部にたまっていることを示す茶色の部分は、薄くなったり、消えたりします（参照→P.89）。色もたいていは、澄んで、明るく輝くようになります。そのような変化は"その時だけ"（24～72時間）という場合もあれば、"しばらく"（2～12週間）のこともあり、永遠に続くこともあります。

トリートメント・カラー

マゼンタ
マゼンタにおいてキーとなるのは、"解放する"という思想です。変化が必要な場所に用います。マゼンタは、霊性を目覚めさせます。霊的エネルギーを認識する力を備えています。

精神的
古い考え方や過去の記憶から解き放たれたいときに用います。

青紫
青紫のキーワードは、"尊厳"です。

精神的
青紫は、自尊心や威厳、自重といった感情に働きかけます。自分が消えてなくなりそうなとき、他人と比べて自分はダメな人間だという気持ちがつきまとって離れないときに使います。

青
青のキー・ワードは、"リラックス"です。

精神的
落ちついて物事を考えられないときや、熟考できないときに使います。つねに物事に追われていると感じているとき、あなたは焦っています。

ターコイズ・ブルー
ターコイズ・ブルーの主な意味は、"免疫性"です。

精神的
他人に支配されているときに用います。自分の考えを信じられず、蔑ろにして、他人の考えに重きを置いているときなどに有効です。言い換えれば、他人の思想に対して自分にはね返す免疫がないときに使用します。

ライト・トリートメントの安全性

　もしも、あなたが色彩療法を始めるときは、熟練したプラクティショナーに相談するのが賢明です。もちろん、色のついたシルクや服、料理を用いた治療は家庭でもできます。つまりその時、間違った色を選んでしまうと治療の効果はありませんが、その反面、害を引きずることもないからです。

　しかし、カラーライトを用いた治療は、それよりもっと強力です。108ページから117ページで紹介したような色彩療法の器具を用いて行う治療は、そのような器具の扱い方に精通した人におこなってもらうことが大切です。正しい時間光を照射すること、正しい治療用の色を選ぶことは、とても重要です。リズムの狂いは、身体のエネルギーの流れのバランスを崩してしまうので、そのバランスの崩れを修正するために、さらに治療をしなければならなくなるからです。

緑
緑のキーワードは、"バランス"です。

黄
黄の主な意味は、"分離"です。

オレンジ
オレンジのキーワードは、"喜び"です。

赤
赤のキーワードは、"エネルギー"です。

精神的
言うなれば、仕事を家に持ち帰ってしまうときに緑を用います。家のことを仕事場に持ち込むときも同じです。1つのことが頭から離れないなど、思考のバランスがとれないときに用います。

精神的
他人の行動に振り回されているときに用います。自分で物事を考えられなかったり、本当は振り切らなければならない考えに固執していたりするときに、黄を使います。

精神的
精神的活動を楽しめなかったり、頭脳労働をしたくないとき、オレンジを利用します。

精神的
精神的エネルギーが不足していて頭が働かないときや、なにもしたくないときに赤を用います。

マゼンタ

感情的

過去の古い感情にとらわれたくないとき、マゼンタは捨て去りたい感情に働きかけます。古き考えを解き放ち、成長し、変化する自由を人にもたらします。

代謝的

家庭問題では、時代錯誤な家庭形式を捨て、食事の回数や家事などの生活のリズムや、家庭内の役割を見直したいとき、マゼンタを用います。

肉体的

肉体的レベルは、日々のスケジュールや、1週間の予定に影響を与えます。すでに入っている計画を捨て、毎日や週ごとの計画をもう一度作り治す時にマゼンタを用います。

青紫

感情的

自分の中にある気持ちが嫌だったり、益がないと感じたら、青紫を使います。青紫は、本当の自分について抱いている感情と深く関係しています。

代謝的

家庭を尊重していないとき、家庭を蔑ろにしてしまうときは、青紫を用います。家庭を、人生を充分に生きる場所としてではなく、寝に帰る場所と考えているとき、何をなすべきかを教えてくれるでしょう。

肉体的

自己愛が足りないとき、もしくは自己評価が不足しているときに効きます。自分をすばらしいと思えないときに青紫を使いましょう。

青

感情的

心の平穏が得られないときや、自分の気持ちに不安を覚えるとき、青を使います。

代謝的

家庭、食事や生活様式に時間を割くことができず、手軽に食べられるサンドイッチを片手に持ち、もう一方の手で本を抱えているときは、青の治療が必要です。

肉体的

ありとあらゆることが重なって、毎日の仕事や1週間の計画を考える時間がないときに、青を使います。

ターコイズ・ブルー

感情的

なにがおかしいのかわからないのに、みんなといっしょに笑っているとき、他人の病気の影響を受けて、自分自身も病気にかかったような気分になったとき、そんなときに、ターコイズ・ブルーを使ってみましょう。

代謝的

ターコイズ・ブルーは、細胞の免疫性に働きかけます。抵抗力が弱っていると感じたとき、病気にかかりそうだと感じたときは、ターコイズ・ブルーを使います。

肉体的

他人の習慣をまねる、"仲間といっしょ"でないと気がすまないときは、ターコイズ・ブルーが必要です。他人の生き方に影響を受けずにいられない（主体性に欠ける）ときは、ターコイズ・ブルーを使いましょう。

THE TREATMENT COLOURS 113

緑

感情的
壊れた関係のせいで、感情のバランスがとれなくなったら、緑を使います。

代謝的
緑は、家庭と身体のバランスをもたらします。家庭や健康のバランスが崩れたときに用いましょう。

肉体的
1日のスケジュールのバランスがとれていないとき――朝食を取らなかったり、昼御飯を抜いたり――や、考えがまとまらないときに、緑を用いて癒します。

黄

感情的
物事に一定の距離を置けない人――たとえば、かすかな物音を聞きつけて、赤ん坊のところに駆けつける母親――には、黄色が役立ちます。

代謝的
黄色は、身体のカルシウムの摂取と関係しています。カルシウムを代謝できないために、関節にカルシウムがついてしまう場合があります。40歳以上の人は、黄色が必要かもしれません。

肉体的
黄色を使えば、物に対する愛着――長い間使っていて、もはや使えないのにまだ捨てられずにいる古い車やカーテン――から解放されます。

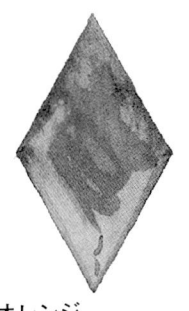

オレンジ

感情的
人間関係において、自分に喜びや幸福感がないことを口に出すのは、なかなか難しいことです。しかし、もし自分が感情的体験を楽しんでいない場合は、このオレンジをもっと多く用いる必要があります。オレンジは、憂鬱な気持ちを追い払います。しかし、オレンジを治療に使いすぎると、反対の感情がわき起こります。脳天気で、無責任になってしまいます。

代謝的
家庭環境に喜びが得られない、食事の時間がもはや楽しくない、料理を作るのがおもしろくない、といったときは、オレンジで治療します。

肉体的
あらゆる活動につきまとう問題――虚脱感がずっと続いたり、なにもやる気もおきないなど――は、オレンジで癒します。物事を後に延ばす癖も、オレンジによる治療が必要です。

赤

感情的
エネルギーが不足していて、情感が湧かない。あるいは感情が極めて薄い。疲れていて、いちいち感情の起伏を覚えていられない。こうした症状では、赤の治療が必要です。

代謝的
家庭にエネルギーを持ち込めない時に、赤を用います。すべてを便宜的に行っているだけで、それをやることに喜びを覚えないときなどに適しています。疲れているために、食事の際、テーブルセッティングの手を抜いたり、家事労働の負担を軽減するために、人工の室内芳香剤などの小道具に頼っている人は、赤の治療が必要です。

肉体的
肉体の反応が鈍いときに使います。血圧を上げる作用もあります。低血圧の治療に効きます。

カラー・オイル（右）は、マッサージや入浴の際、補色療法として用いることができます。理想をいえば、オイルは作りたてのものがよいでしょう（参照→P.117）。

色彩療法の補助器具

このセクションで紹介するいくつかの補助器具は、色彩治療器具と組み合わせて使うこともできますし、それ自体をヒーリングの道具として用いることもできます。101ページのチャートを見て、どの病気がどの治療方法にうまく反応するのか、確認してください。

ハイ・コ・ジェット・バス

水の中でカラーライトを浴びると、光の周波数を身体の表面全体で受け取ることができます。バスタブの両脇から出るジェット水流のマッサージ効果と、湯の暖かさが合わさって、人間の筋肉をリラックスさせ、色を受容しやすい身体にするのです。

ハイ・コ・ジェット・バスは、どんな色にでも使えますが、普通は、青とその補色であるオレンジを用いて、ストレスや不眠症、筋肉の凝りなどの治療に使われます。適温の湯をバスタブにはった中に浸ったら、カラー・トリートメントを始める前に、ジェット水流のスイッチだけを入れて、そのまま5分待ちます。5分たったらジェット水流を止めて、今度は色を楽しみます。そしてスタートボタンを押せば、タイマーが働きはじめます。照射時間は、色彩療法器具と同じ要領なので（参照→P.109）、治療が終わるのは19分45秒後です。このころになると、バスタブの湯がやや下がって、体温ほどになっているので、このとき湯からあがると、循環系へのショックが少なくなります。バスタブにつかっている間は、気分を和らげる音

ハイ・コ・ジェット・バス
バスタブの両脇から吹き出すお湯のジェット水流が、色彩療法を始める前に、患者をリラックスさせます。そしてタイマー機構が、トリートメント・カラーとその色の補色の照射時間を制御します。

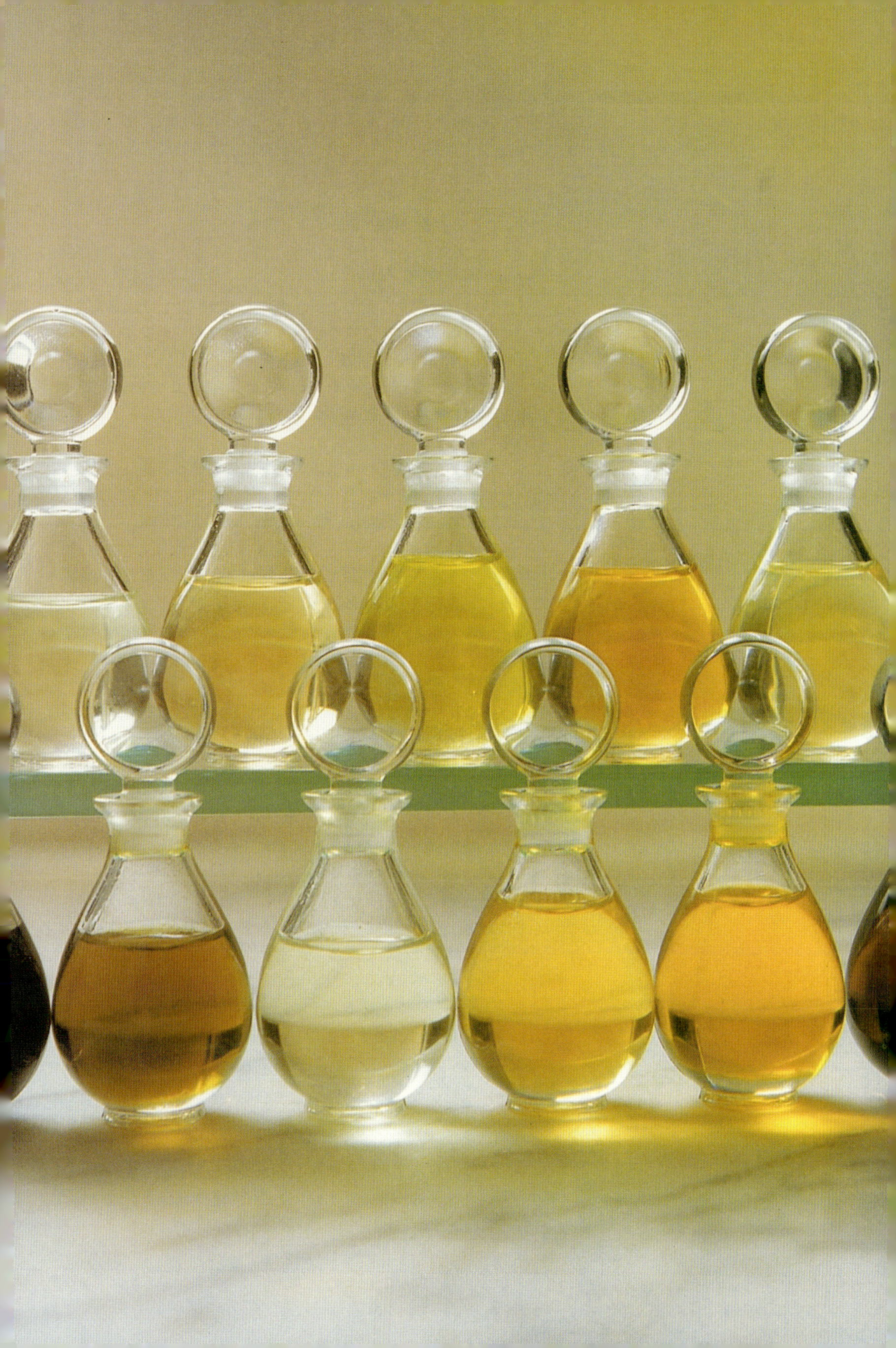

楽をかけて、効果を高めましょう（参照→P.118）。

ウォーター・ソラライザー

　光の色は、その光を受け取った水にエネルギーを吹き込んで、分子レベルに影響を与え、味を変えると考えられています。太陽光線にさらした水は、紀元1世紀ごろからインドのアーユルヴェーダ医学で使われていたものですが、そもそもの起源は、約9000年前に逆上ると思われます。実際4000年前には、エジプトでヒーリングに使われていました。

　水に太陽光を吸収させるには、水を入れてそっと置いたガラスのコップの周囲を、赤か青の完全スペクトル・フィルターで囲います（参考文献：参照→P.124）。そして2時間ほど太陽にあてます（曇りの日はそれ以上）。その後、その水をゆっくりと飲みます。

　使ったフィルターの色によって、味が違います。赤だと水は酸っぱくなり、青だと甘くなります。ほかの色を使うと、その両極端にあるふたつの中間の味になります。このため、たいていの場合は、赤か青のどちらかしか使われません。身体を刺激したいときは、赤いフィルターを使います——しゃきっと目を覚ましたい時などです。青のフィルターを通して太陽光線にあてた水は、リラックス効果があるので、眠る前に飲むとよいでしょう。

アイ・ヒーリング・ランプ

　白内障や緑内障など、眼に深刻な障害を患っているときは、アイ・ヒーリング・ランプを使います。これは水晶体の形を制御している虹彩の筋肉を動かすので、近眼や遠視を治す効果もあります。

　アイ・ヒーリング・ランプは、光源1つと2枚のフィルターからできています。ランプの正面、0.7～0.9メートル離れたところに坐ります。レンズは、目と同じ高さにします。ターコイズ・ブルーと赤のフィルターを交互にレンズの前にセットし、ターコイズ・ブルーと赤のカラーライトを見るようにします。その時、それぞれの色を20秒から30秒見つめます。その色と色を見つめる間に、ランプの足元に置かれた白か黒、もしくは灰色のパネルを20秒から30秒見つめます。こうやって、目に残像色（参照→P.62）を作りだせ、リラックスさせるのです。これを1日2回ずつ行います。終わるときは、ターコイズ・ブルーとその残像色で終わるようにして、1回の治療の最後には、目を完全にリラックスさせるようにします。眼科に相談して、アイ・ヒーリング・ランプの効果をチェックしてもらうようにしましょう。

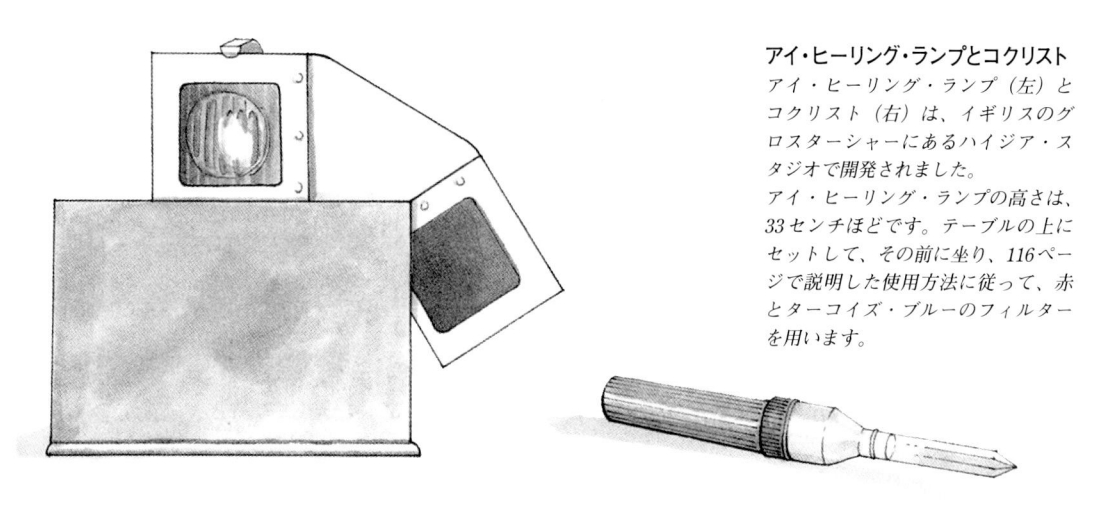

COLOUR HEALING ACCESSORIES 117

アイ・ヒーリング・ランプとコクリスト
アイ・ヒーリング・ランプ（左）とコクリスト（右）は、イギリスのグロスターシャーにあるハイジア・スタジオで開発されました。
アイ・ヒーリング・ランプの高さは、33センチほどです。テーブルの上にセットして、その前に坐り、116ページで説明した使用方法に従って、赤とターコイズ・ブルーのフィルターを用います。

コクリストは、水晶のヒーリング・エネルギーを利用する、手で持つタイプのトーチです。これは、色ガラスの（参照→下記）フィルターによって、ヒーリング・カラーがプログラムされ、チャクラにカラーエネルギーをもたらすようにできているものです。

オイル

　カラー・オイルは、バージン・オイルにヒーリング用のハーブや花を加え、数日から数週間ほど太陽光線にさらして作られます。こうすると、オイルが植物のエネルギーを吸収できるのです。どの植物を使うかによって、オイルの色は異なります。
　マッサージしたい部分や全身にオイルを塗ったり、バスタブに入れたりします。使われている植物に従って、それぞれのオイルの持つ固有のエネルギーが効果を発揮し、ヒーリングや、エネルギーを与えたりします。封をあけたばかりのオイルを使うのが望ましく、製造メーカーの注意書きは常に守るよう心掛けましょう。

水晶

　水晶は、光エネルギーが凝縮した形で石炭や粘土、そのほかの堆積岩の真っ暗な地層の中で生まれます。その組成ゆえに水晶は、電気的メッセージに変換されたコンピュータからの指示を吸収することができるのです。光とカラー・フィルターを使えば、その色を使用したヒーリングに合うように、水晶結晶板を動かすことができます。
　チャクラが人間の身体のエネルギーのセンターと考えられているように、水晶は地球エネルギーのセンターだと考えられます。水晶をヒーリングに用いれば、地球のヒーリング・エネルギーに自分の身体をシンクロナイズさせることができます。

チャクラが人間の身体のエネルギーのセンターだと考えられているように、水晶は、地球のエネルギーのセンターだと考えられています（参照→右）。ヒーリングに水晶を用いることで、地球のヒーリング・エネルギーに身体をシンクロナイズさせることができます。

**音楽を使って
ヒーリング効果を高める**
音楽を治療プログラムの一部に組み込むことができます。音楽は次の3つの点において、色彩療法における強力な助っ人となるでしょう。
まず、音楽が持つヒーリング効果を生かして、BGMを治療に用いることができます。
作曲家J・S・バッハは、楽曲にフィボナッチの数列と同じ関係を生み出す和音を取り入れました。そしてこの和音は、結果的に古典的な建築物の"黄金分割"と同じ比率を生み出しました。"黄金分割"比率は、見た目に調和を生み出すといわれているもので、音楽でもそれと同じように、共鳴するハーモニー——ヒーリングの音を作りだします。
第2に、音楽の資質を持つプラクティショナーは、患者それぞれにあった楽曲を選んで、患者の記憶や潜在意識を刺激することができます。
第3にプラクティショナーは、歌を歌うように患者に勧めます。自分を自由に表現できるようになると同時に、精神と身体と感情を結んで、もう一度"調和しなおす"効果があるからです。この後の3つのケース・スタディでは、プラクティショナーがどうやって患者の問題を分析し、カラーセラピーがいかにして進められたか、について述べていきます。

色彩療法では、水晶を患者のチャクラ・システムのバランスをとるために用います（参照→P.64）。透明な無色の水晶結晶板が、色彩療法では一番役に立ちます。コクリスト（参照→P.117）と呼ばれるカラー水晶トーチは、色ガラスのフィルターと、透明な水晶結晶板を通して光を集め、チャクラに色をもたらします。その時、色のついた服を着ると、トリートメント・カラーが歪んでしまうので、患者は白い服を着ます。コクリストを身体から2.5センチ離れたところに構え、色彩視覚化を行いながら、エネルギーを各チャクラのセンターに集めます。

治療の複合

色彩療法を行うときは、信頼できるプラクティショナーの指示を仰ぐのが望ましいでしょう。患者のことがわかりはじめると、プラクティショナーは、どのくらいの頻度で治療を行うべきか、治療法をいくつ組み合わせるかなどについて、専門家としての判断を下せるようになります。そして、効果を最大限に高めるために、2つの治療法を組み合わせることはよくあります。たいていの場合、色彩呼吸法（参照→P.54）や、介添人つきの色彩視覚化（参照→P.52）を処方して、色彩治療器具の効果を助長させるようにするでしょう。また効果を維持するために、色のついた洋服（参照→P.105）を着るように、患者に勧めることもあります。そのような複合治療では、トリートメントカラーと同じ色を使うと、治療の相乗効果が得られるのです。

101ページのチャートを見て、どの病気が2つ以上の治療方法の組み合わせにうまく反応するかを確認しましょう。大方の場合、ある治療法のみでは、特定の問題の解決にしか役立ちません。たとえば、不眠症を治すために色彩視覚化を用いてもほとんど効果はなく、心に描いたイメージのせいで、眠たくなるどころか、かえって患者は目がぱっちりと冴えてしまうこともあります。しかし、もし色彩治療器具を使って治療を受けている最中ならば、その治療と治療の間に、青色フィルターを使って太陽にさらした水を飲むことができるでしょう。また、色彩呼吸法をそこに加えることもできます。その場合は、身体を休ませるために、水を飲むのと色彩呼吸法との間は、一晩おくのが理想的です。この休みの間に、身体がヒーリング・エネルギーを吸収するからです。

治療の方法の数を増やしたり、光の照射時間を長くしても、ヒーリングのスピードが速まるとは限りません。色を使いすぎると、身体がそれを受けつけなくなるからです。色でも麻薬と同じように、"過剰投与"という現象が起きるのです。原則として、ひとつの治療を24時間を超えて行ってはなりません。

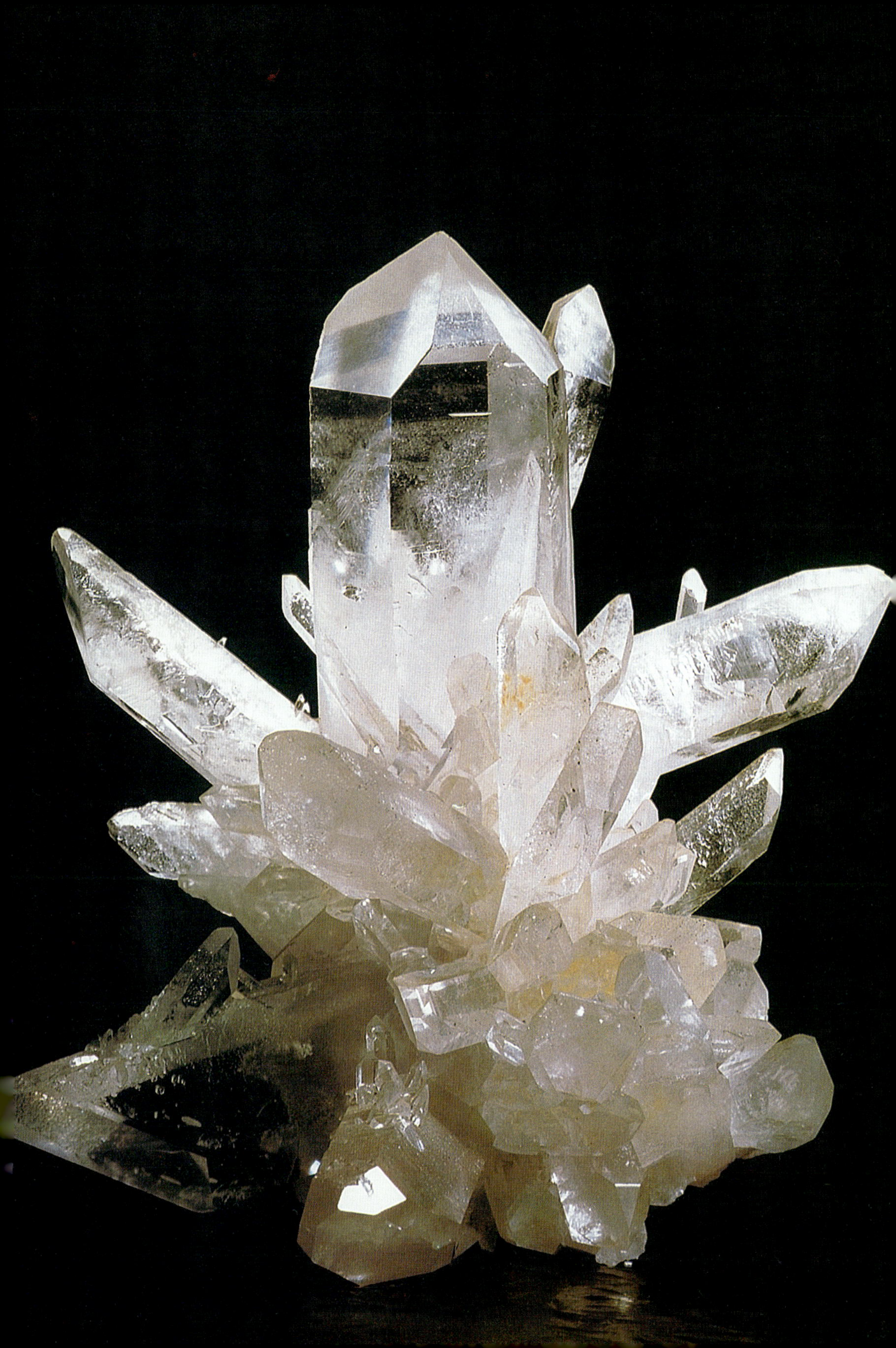

以下の3つのケース・スタディは、プラクティショナーが患者の問題をどう分析し、カラー・セラピーがいかに行われたかについて述べたものです。

ケース・スタディ：トレヴァー

明らかに人生における嫌な記憶を頭の中から締め出しているという点において、トレヴァーの事例は興味深いものです。癌の手術を受けたあと、トレヴァーは鬱状態になり、漫然と日々を過ごすようになりました。62歳でしたが、引退も望んではいなかったのです。トレヴァーは、妻が長時間働くことに腹を立て出しました。そのうち、自分について話すことができなくなりました。わたしが彼に趣味はなにかと聞くと、彼が言うには、病気にかかる以前の時期を思い出させる木工細工をするのがあまりにつらく感じられた頃から、ずっと木工細工への興味はすっかり失せてしまっているとのことでした。

アドヴァイスと治療

脊椎診断から出た色は、特に感情領域と関係のあるオレンジでした。トレヴァーの鬱症状と、自分について話せないという問題にアプローチする方法のひとつは、彼を自分の感情と対立する活動に従事させることでした。わたしは、木工細工をもう一度始めるように促しました。その次の治療では、代謝領域から黄色の反応が出ました。そこでわたしは、トレヴァーに、自分と過去のつらい記憶を切り離すのを促すために、色彩視覚化を行うように言いました。それは代謝の問題がかなり根深く、治すのは無理かもしれない、という感じを受けたためです。この場合、色彩視覚化といった方法を用いて、別のやりかたで病気にアプローチする方が効果的な時もあります。彼には、ヒーリング効果をもたらす要素となる色、黄色は"分離"が必要だ、とにおわせていました。

遠回しなやり方ながら、トレヴァーに自分自身を変えさせ、意識から遠ざけていた生命の領域を認識させて、5回ほどの治療を行うと、トレヴァーの問題はみるみるうちに消えてしまったのです。

ケース・スタディ：ナターシャ

虚弱体質で、疲れがとれないという慢性的な問題を抱えて、ナターシャはわたしのところへやってきました。最近ナターシャは、"きょうも1日がんばろう"という気分になれないと感じていたのです。そこで2人で彼女の生活について話し合い、わたしはナターシャの仕事や家庭での生活について質問しました。彼女に対してなにをするのが一番楽しくて、なにが一番つまらないと思うかを知ろうとしました。長時間の会話の中で結局、患者は楽しみにしていることが何ひとつないということが分かりました。

身体の健康な代謝的活動における重要な要素、食生活についても話しあいました。"普段は、さっと用意できるものしか食べません"とナターシャはいいました。"サンドウィッチや、さっと火を通して食べられるものをよく買います"。ナターシャは一人暮らしで、友人や家族とランチやディナーをいっしょにする機会があまりありませんでした。

それと同様に、余暇もひどいものでした。ナターシャは小説を書きたいと思っていましたが、どうやって始めたらいいかがわからずにいました。

アドヴァイスと治療

ナターシャには、食物からの栄養が明らかに不足していました。それは、本を書きたいという強い想いからくるストレスより、はるかに問題のように思われました。脊椎診断では、緑による治療が必要だと出ました。

わたしは、色彩治療器具を使って、緑の治療を施しました。

それから2、3週間、治療を続ける一方、ナターシャに自宅でできるエクササイズを与え、ナターシャの消化不良を治そうと考えたのです。2回目のカウンセリングでは、ターコイズ・ブルーが出ました。わたしは、ナターシャにターコイズ・ブルーの紙をわたしました。お腹の上にのせて色彩呼吸法を練習し、ターコイズ・ブルーを取り入れて、赤を出せるようにさせるためです。

新鮮な果実と野菜を食生活に取り込み、色彩呼吸法を行うと、ナターシャの消化不良は回復し、エネルギー・レベルがあがりました。ナターシャは、小説を書きたいという願いを実際に言葉に出していえるように

なり、その意欲も以前よりはっきりとした形になってきているようでした。ナターシャは色彩呼吸法を続け、ターコイズ・ブルーを取り込み、赤を吐き出しました。
そしてその次の診療では、オレンジがトリートメント・カラーとして現れました。いよいよ自己実現——小説を書き、そこから人生に喜びをもたらす——にむけて集中するときがきたのです。ナターシャには、その準備が整っているように思われました。次の治療が来る前に、ナターシャは小説を書きはじめました。ところが、調子にのって色彩呼吸法をやめてしまったため、エネルギー・レベルが下がってしまったのです。そこで治療と同様に、自己によるヒーリングが大切だと知ったナターシャは、エクササイズを再開しました。治療は成功を収め、その結果、1年後にナターシャは初めての本を出版したのです。

ケース・スタディ：メラニー

メラニーと初めて会ったのは、彼女が9歳のときでした。言葉を話すことのできない、人の目を見ない子でした。メラニーはわたしを見るなり、部屋から飛び出して、自転車にまたがると、庭をぐるぐる走り回っていました。
両親の話だと、メラニーは生後2カ月のときに顔のアザをとる手術を受けているということでした。手術後、母親がメラニーの変化に気づきました。"わたしとのつながりが切れてしまったようでした。そうとしか、いいようがありません"。父親はそれにつけ加えて、こういいました。"お医者さんの話では、その手術後、メラニーの意識を回復させるのがとてもたいへんだったそうです"と。
手術のショックが、乳幼児だったメラニーに大きすぎたのだ、とわたしは思いました。手術をしたときに、自らを保護しているオーラ（参照→P.88～89）が身体から離れてしまったまま、正常な状態に戻っていなかったのです。つまり、精神的、感情的領域が、代謝的、肉体的領域と結びついていませんでした。メラニーの魂は身体のそばをさまようだけで、身体と結びつくことができずにいるように思われたのです。
その話から両親は、わたしがメラニーを治療することに同意しました。治療にはかなり長い時間が必要だとわかっていましたが、両親はじっと待つことを受け入れました。

アドヴァイスと治療

丸1年、わたしは3、4週間に一度、メラニーを治療しました。ある日、メラニーの脊椎診断チャートから、それまでとはまったく異なる結果が出ていました。メラニーに会うと、メラニーはわたしの目をまっすぐ見返しました。
メラニーはそれから数カ月たっても、治療の時には必ずわたしの目を直視したのです。そのころまでに、わたしはすでに26枚の脊椎診断チャートを作っていました。初期のチャートでは、感情領域の活動的脊椎骨にはペアがなく、精神的／感情的領域と肉体／代謝的領域の間にはつながりがまったくありませんでした。しかし、近頃のメラニーは、徐々に正常に近いチャートを作るようになっています。3年間の治療後、メラニーはしゃべりはじめました。両親は大いにそれを喜びました。今、メラニーに会って感じるのは、彼女はどこから見ても"普通の"子どもだということです。彼女の過去を知らない人がメラニーを見たら、問題を抱えていた子どもだとはまったく思わないでしょう。
メラニーは現在も読書が嫌いで、実のところ今もって流暢に本を読むことができず、文章を書くのも好きではありません。今後も、膨大な治療と人々の忍耐がメラニーには必要です。しかし概していえば、今、メラニーは幸せでおだやかな性格の、若い健康な少女です。

太陽が沈んでも、夕日の色は夜の色に溶けこまず、目に見えない深いレベルに存在しています。

ヒーリングを終える

　通常、プラクティショナーによる治療は、2、3週間から数カ月続きます。その間定期的に、回復の度合いをレビューします。これは、患者とプラクティショナーが病状の変化を見直す機会であり、患者が自宅で行っている自己療法がどれほど効いているかを確かめるための機会でもあります。オーラの色診断や脊椎診断、カラー・リフレクション・リーディング（参照→P.94〜96）を繰り返し行うことによって、こうした変化をチェックします。

　治療をやめるときは、患者が精神と身体、そして感情とのつながりを理解しているかどうか、プラクティショナーが確認します（参照→P.74）。ヒーリングにおいて重要なのは、感情の役割をきちんと受け入れることです。それは、先行して現れる感情レベルでの反応を自分で認識できないと、その押さえつけられた感情が精神と身体に問題を引き起こすからです。恥ずかしくなったり恐れたりすることなく、わき起こる感情を受け入れていくように患者を促してはじめて、プラクティショナーは、患者の内面の生活が豊かになると保証できるのです。仕事場や家庭、食生活習慣におけるリズムの持つ役割を認識すれば、患者は健康における代謝的側面をケアできます。リズムは、意味のない繰り返しとはちがいます。規則正しさ、そして規則正しい変化の必要性を説いているものなのです。それは、人間を健康に保っている相補的エネルギーの役割を、日々認識する手段でもあります。

　カラー・セラピストの治療を受けた患者は、健康になるだけではありません。色彩療法は、色に対する新しい見方を人間にもたらし、その人の色の理解力を永久的に高めます。色は自分の気持ちを分析し、他人の気持ちを理解する新しい言語となります。また、地球のリズミカルな色エネルギーと自らをふたたび結びつけ、あらゆる生き物の生命の質を高めます。人間や、ありとあらゆる生き物を満している色の神秘の力は、たえずあなたに新しい生気を吹き込み続けることでしょう。

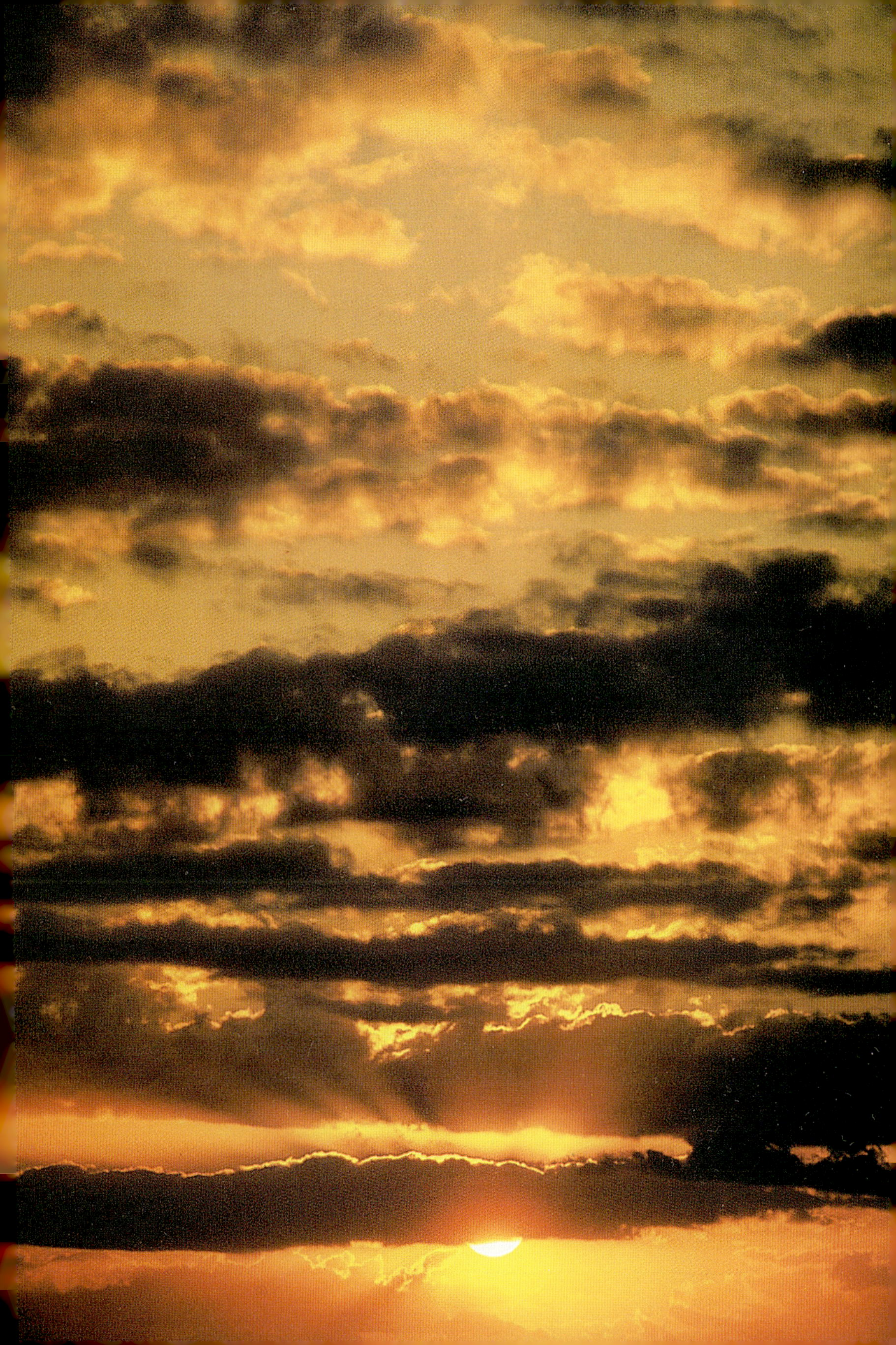

RESOURCES

参考文献

Abbott,A. *The Colour of Life*, McGraw-Hill, New York, 1947
Babbitt,E.D. *The Principles of Light and Color*, Ed. Brien, The Citadel Press, Secausus, New Jersey, USA, 1980
Brien,F. *Color: A Survey in Words and Pictures*, University Books, New York, 1956
— *The Symbolism of Color*, Carol Publishing, New York, 1989
Critchlow,K.*Islamic Patterns*, Thames and Hudson, London, 1976
Dewhurst-Maddock,O. *The Book of sound therapy*, Gaia Books Ltd, London, 1993
Dreyfuss,H. *Symbol Source Book*, Van Nostrand Reinhold Company, New York. 1984
Gimbel,T. *Form, Sound, Colour and Healing*, The CW Daniel Company Ltd, Saffron Waldon, UK, 1987
— *Healing Through Colour*, The CW Daniel Company Ltd, Saffron Waldon, UK, 1980
— *The Colour Therapy Workbook*, Element, UK, 1993
Gregory,R.L. Eye and Brain. World university Library, London, 1966
Hunt,R. *The Server Keys of Colour Healing*, The CW Daniel Company Ltd, Saffron Walden, UK,1968
Huntley,H.E. *The Divine Proportion*,Dover Publications Inc, New York, 1970
Itten,J. *The Art of Color* Reinhold Publishing Corporation,New York,1961
— *The Elements of Color*, Van Nostrand Reinhold Company, New York, 1970
Jackson,C. *Colour Me Beautiful* Piatkus,London, 1983
Liberman,J. *Light: Medicine of the Future*, Bear & Company Publishing, Santa Fe, New Mexico, 1991
Luscher,M. *The Luscher Color Test*, Pan Books 1970
Ott,J. *Health and Light*, Devin Edair Campany, Old Greenwich, Conn, USA

Shepherd,A.P.A *Scientist of the Invisible: An introduction to the life and work of Rudolph Steiner*, Hodder & Stoughton, London, 1954
Sun,H.&D. *Colour Your Life*, Piatkus Books,London, 1992
Varley,H. *Colour*, Marshall Editions Ltd, London, 1980
Wills,P. *Colour Therapy*, Element, UK, 1993
Wills,P. & Gimbel,T. *16 Steps to Health and Energy*, Quantum (W Foulsham & Co Ltd), Slough, UK, 1992
Wood,B. *The Healing Power of Color*, Destiny Books, Vermont, 1984

資料提供

協会、機関、団体

Anthroposophical Medical Association
Rudolph Steiner House
35 Park Road
London NW1 6XT

Association of Colour Therapists
c/o ICM, 21 Portland Place
London W1 3AS

British Association for Counselling
1 Regent Place, Rugby
Warwicks CV21 SPJ

The British Society of Dowsers
Sycamore Barn Hastingleigh
Ashford, Kent TN25 5HW

The Institute of Complementary Medicine
PO Box 194, London SE16QZ
SAE to Register for details of registration or practitioner referrals.

The International Association for Colour Therapy
73 Elm Bank Gardens
London SW13 ONX

相談、講座、治療

Colour Bonds Associates (Lilian Verner Bonds)
137 Hendon Lane
Finchley, London N3 3PR
→色彩に関する朗読会；テープ: The Healing Rainbow

Hygeia Studios
The Hygeia College of Colour Therapy Ltd
Brook House, Avening,
Glos GL8 8NS
→環境コンサルタント；カウンセリングおよび治療；カラーセラピー、カウンセリングの合宿制、通学制講座

Living Colour
33 Lancaster Grove
London NW3 4EX
→この組織は1984年にH. & D. Sunによって設立された。様々な講座、カウンセリング、治療を通して人々の色への関心を高め、生活に取り入れることを目的としている：カラーリフレクションリーディング、色彩療法、カウンセリング、チャクラの調整。Colour Your Life 入門、基礎課程。他にカラーカウンセリング、色彩療法、色彩分析課程。カラーコンサルティングサービス。案内書希望の際は切手をはった返信用封筒と詳しいプログラム説明カタログは、5ポンドを同封してください。

Universal Colour Healing
67 Farm Cresent
Wrexham Court
Slough, Bucks SL2 5TQ

使用装置

Full Spectrum Lighting Unit 1,
Riverside Business Centre
Victoria Street
High Wycombe
Bucks HP11 2LT
True-Lite Full Spectrum Fluorescent Lighting;
SAD Portable Lightboxes
Hygeia Manufacturing Ltd
Hygeia Studios
Brook House, Avening
Glos GL8 8NS
Colour Space Illuminator, Pure Light Lamp; Crystal Lamp;Eye Healing Lamp; Hygeia Colour Wall; Hygeia Colour Therapy Instrument
Pool Services Ltd
Unit 12-14 Woodside Park Industrial Estate
Catteshall Lane
Godalming, Surrey GU7 1LG
Hy-Co-Jet Hydro Colour Therapy Jet Bath

著者からの謝辞

本書の執筆にあたり、客観的な意見を述べてくれた妻のオナーに深く感謝します。また、貴重な助言を与えてくれた、カラーセラピー・ハイジア大学の担当個別指導教官であるポーリーン・ウィルズ、本書の内容について助言をしてくれたガイア・ブックス社のエレノア・ラインズにも御礼を申し上げます。わたしのスタッフであるドリーン・コックスとリタ・レッグは、時々不機嫌になるわたしをよく支えてくれました。最後に、アンドリュー・グラズースキー博士とジョージ・トレヴェリヤン卿が与えてくれたインスピレーションに謝意を表します。わたしがヒーリングの霊的な意味を悟ることができたのは、彼らのおかげです。

出版社からの謝辞

ガイア・ブックスは以下の方々のご協力を感謝いたします。
Rachel Adams, Suzy Boston, Ursula Browning, Gill Cormode, Fritz Fuchs, Natasha Goddard, Stuart Hall, Pamela Jenkins, Kate McNulty, Philip Parker, Kitty Parker-Jervis, Lesley Parry, Katherine Pate, Sonya Richards, Robert Rose, Howard Sun, Susan Walby, and Nan Wise for editorial and production work; Mary Warren for editoriai assistance and the index; Select Typesetters; Global Colour, Malaysia

写真提供

pp. 2-3, 11, 14, 23, 42, 51, 55, 58, 78, 87, 98, 123, Comstock; p.6 Manfred Cage/Science Photo Library; p. 19 Sonia Halliday Photographs; p. 27 Hugh Palmer/IPC Magazines Ltd. 1989, Robert Harding Syndication; p. 30 David Parker/Science Photo Library; p. 35 Fred Burrell/Science Photo Library; p. 38 Paul Brierley Photos; p. 75 Lynne Brotchie/The Garden Picture Library; p. 115 Philip Dowell/Gaia Books; p. 119 Roberto du Gugliemo/Science Photo Library.

索引
index

あ

アートセラピー ……………………81, 96-97
アーユルヴェーダ医学 ……………………116
藍色 ……………………………………………56
アインシュタイン、アルバート ………33
青色 ……………………………………20, 23, 54
　オーラ ……………………………………64, 88
　形と五感 ……………………………47-50
　性格 ………………………………………94-97
　脊椎診断 …………………………………72, 93
　装飾 ………………………………25-26, 29
　治療 ……………………………………100-113
青紫色
　オーラ ……………………………………64, 88
　形と五感 ……………………………47-49
　性格 ……………………………………94-95, 97
　脊椎診断 …………………………………72, 93
　装飾 ………………………………………25, 29
　治療 ……………………………104, 110-112
赤色 ………………………………20, 23, 50, 57
　オーラ ……………………………………64, 88
　形と五感 ……………………………47-48
　呼吸 ………………………………………50, 54
　性格 ………………………………………94-97
　脊椎診断 …………………………………73, 93
　装飾 ………………………………………26, 28
　治療 ……………………………………102-113
味 ……………………………………………48, 49
アストラル体 ……………………………62-63
アリストテレス …………………………………33
アンジェリコ、ゲィード・ディ・ピエトロ …
……………………………………………………60

い

意識 ………………………………………68, 81
痛み ……………………………………………82
イッテンのカラー・ホイール ……………22
イッテン、ヨハネス …………………22-23
イメージング ……………………………………60
色
　意味 …………………………………………97
　エネルギー ………………………66-77, 80, 81
　効果 ……………………………18, 20, 42-57
　商業的用途 ………………………………26
　信号化 ……………………………16-17, 26, 45
　スペクトル ……………………………33-34
　色に対する認識　参照→「色」
　色に対する反応強化 ……………49, 118

色について語る ……………………………50
　認識 ………………………………45, 48-49, 122
色の科学 …………………………………32-40
色の"過剰投与" ……………………………118
色の効果 ………………………………1, 42-57
色の心理学 ……………………………………45-46
色のついた立体 ……94-95, 102-103, 110-115
色の歴史 ………………………………………21, 33
　歴史と科学 ………………………………21, 33
　連想 …………………16-17, 45, 46, 48, 50, 84

う・え

ヴァルドルフ学校、ゲッティンゲン ……24
宇宙エネルギー ……………………36, 37, 83
鬱病 ……………………………………101, 113
エイズ …………………………………………101
エーテル層 ………………………………62-63, 65, 89
エクササイズ ……………………………………67
　視覚化 ………………………………………52
　色彩呼吸法 ………………………………54
　色彩を意識する ……………100, 102-103
　性格の判定 …………………………………94
　瞑想 ……………………………………………52
　リラックス法 ………………………………52
エゴ ………………………………………………62-63
エネルギー …………………………66, 72-73, 77
　宇宙 …………………………………36, 37, 83
　循環 ……………………………74, 82-83, 111
　スペクトル ……………………18, 20, 34-35
　チャクラ …………………………67, 86-88, 89, 90
　電磁 …………………………………10, 33-38, 44
　の出入り …………………………60-61, 82-83
　エネルギーの滞り …23, 85, 86, 88, 111
　バランスとアンバランス …21, 70, 74, 85
　バランスの崩れ …………21, 70, 84, 85
　光 ……………………………………12, 20, 106
　ブロック（障害・遮断）……85, 86, 88
炎症 ……………………………………………101

お

オイリュトミー …………………………56-57
黄金分割 ……………………………38, 109, 118
オーラ …………………………61, 62-68, 80, 90
　エネルギー ………………………………67, 76
　構造 ………………………………………62-65
　認知 ………………………………………66-67
オーラの色いろ ……………………………76-77
オーラの進化 …………………………………61
オーラの認識 ………………………………66-67
オーラの変色
　変化 ……………………76, 84, 86, 88-89
　変色 …………………………………86-89
音 …………………………………………37, 48
オレンジ ……………………………………47, 54

オーラ ………………………………………64, 88
　性格 ………………………………………94-96
　脊椎診断 …………………………………73, 93
　装飾 ………………………………25-26, 29
　治療 ……………………………………110-113
音楽を治療に使う ………………………118

か

カウンセリング ……………………84, 85, 96
下垂体（額）チャクラ ……20, 66, 88
風邪 ……………………………………………101
形、図形 ………………………………37, 46-47
学校 ……………………………………………24
家庭内の装飾 ……………………………24-25
カラー・オイル …………………………21, 117
カラー・リフレクション・リーディング …
………………………………………81, 94-96, 122
ガン
感情 ………………12, 86-88, 92-93, 112-113
　エネルギー ………………………72-73, 45-46
　と色 ……………………………………25, 45-46
　ヒーリングにおける …………101, 122
関節炎 …………………………………………101
完全スペクトル灯と光 ……21, 23, 36-37
完全性 ……………………………………………40
顔料 …………………………22, 24, 38-39, 105

き

黄色 ……………………………………23, 54, 57
　オーラ ……………………………………64, 88
　形と五感 ……………………………47-48
　性格 ………………………………………94-95
　脊椎診断 …………………………………73, 93
　装飾 ………………………………25-26, 28
　治療 ……………………………………104-113
記憶の喪失 …………………………………101
幾何学（神聖）………………………………104
貴石　　　　　　参照→クリスタル、宝石
季節ごとの光 ……………………17, 20, 37
季節性情緒障害（SAD）……………21, 37
キッチンの装飾 ……………………………25
基底チャクラ …………………………………88
狭心症 …………………………………………101
胸腺チャクラ …………………………………88
強迫観念 ………………………………………101
キルナー、ウォルター・ジョン ………66
キルナー・スクリーン …………………66
キルリアン写真 …………………………66
緊張 ………………………………………………50

く・け

薬 ………………………………………82, 89, 90
クリーブランド病院（イギリス）……76
クリスタル ………………………21, 117-119

INDEX

黒胆汁質 ···77
蛍光灯 ···28
ケーススタディ ···················85, 120-121
ゲーテ、J・W・フォン ·····················33
化粧　参照→「化粧品」
化粧品 ··22, 23
血圧 ·······································101, 113
原因体 ···62-63
健康 ·····························72-73, 76, 81-83
原色 ··22, 38-40
元素（5大元素） ··························48, 104

こ

光合成 ···60
黄帝内経 ···21
光輪と翼 ···60
五感 ·····································16, 46-49
　　　参照→「視覚」
呼吸 ·································50, 52, 89, 101
　呼吸テクニック ······························54
黒色 ··23, 97
コクリスト（カラーライト） ···117, 118
固体 ···61
古代エジプト人、ギリシャ人、ローマ人
···21, 116
5大元素 ··104
子ども ···························16, 20, 24, 82, 86
子供時代 ······························45, 76, 86

さ・し

作業場 ··24-26
サンスクリット ·································64
残像 ···························40, 105, 106, 116
サン、ドロシー＆ハワード ···············94
シアン ···38, 39
紫外線 ······································18, 20, 36
視覚 ·····························32-33, 48, 49, 101
　　　参照→「目」
視覚化 ··························50, 52, 54, 89, 118
　治療 ·····································116-117
色盲 ···32-33
自己認識 ··82
ジシアニン（重シアニン） ···············66
思春期 ··76, 82
視床下部 ···20
湿疹 ··101
室内装飾 ····························16, 24-28
　カラー・サマリー・チャート ····28-29
疾病
　診断 ···································80-83, 88-89, 97
　治療 ·····································101-113
嗜眠・無気力・無感覚 ············101, 113
写真 ··17, 66
シャルトル大聖堂 ························18-19

周波数 ···36
シュタイナー、ルドルフ ·······25, 56, 76
趣味 ···84
松果体（頭頂）チャクラ ···········20, 88
消化不良 ·······································101
証拠物（ダウジング） ·····················70
照明 ··28, 36-37
消耗 ···90
植物 ···61, 105
　成長 ··20, 38, 60
　食物 ·······························86, 101, 105
　ショック ······························68, 88-89
シリコン ·······································117
シルク ·······························21, 101, 105, 111
信号化　参照→「色」
人工染料 ····································24, 105
　　　参照→「顔料」
人工灯 ··20, 37
寝室 ···25
神聖幾何学 ·····································104
心臓チャクラ ·····································88
診断 ···························13, 21, 80-85
　オーラの認識 ······························86-89
　脊椎の分析 ······································90-93
　心理テスト ····································81

す・せ・そ

ステンドグラス ···························18, 117
スペクトル
　色 ···33-34
　電磁波 ···················18, 20, 34-35, 37-38
性格の判定 ·································81, 94-95
星座 ···48
精神活動 ·······················92-93, 110-111
性的魅力 ·······························64, 74-76
生理学 ·····································18, 20, 32
石英 ···117, 118
赤外線 ··18, 36
脊椎診断チャート ·················74, 90-93
脊椎と脊椎分析 ·······················72-73, 80
　診断 ·····································69-71, 90
　ダウジング ······························69-71, 90
脊椎の分析 ······························70-73, 93
仙骨チャクラ ·······························74, 88
潜在意識 ···81
喘息 ··101
相互作用
　エネルギー ·································60
　対比物 ···41
装飾様式　参照→「室内装飾」
相補性 ·······································40-41

た

ターコイズブルー ·····························47
オーラ ··64, 88
性格 ··94-95
脊椎診断 ····································72, 93
装飾 ··25, 28
治療 ·····························102-103, 106-113
ダイエット ·······································86
　　　参照→「食物」
第3色 ···22
体質 ··76-77
代謝体 ···62-63
　機能 ·······················72-74, 92-93, 112-113
第2色 ··22, 38-39
対比物 ··40-41
太陽光線にさらした水 ···21, 49, 101, 116
太陽神経叢チャクラ ·····························88
ダウジング ·············60, 66, 69-70, 80-81
脊椎分析 ·································71-73, 90
多血質 ···77
タングステン灯 ···························28
胆汁質 ···77

ち

チベットに伝わる教え ·····················64
チャート
　色と五感 ··48
　色と図形 ·······································47
　色認識エクササイズ ·····················103
　オーラの変色 ·································88
　室内装飾サマリー ···················28-29
　性格の判定 ····························94-95
　脊椎診断 ····································91-93
　脊椎ダウジング ···························71-73
　チャクラの機能 ·······························64
　トリートメント・カラー ·····110-113
　トリートメント・テクニック ···101
　光治療の時間 ·······························109
　プラトンの立体 ·····························104
　目の強化 ·····························106-107
茶色 ·······························88, 89, 97, 111
チャクラ ···64-65, 74, 76
　エネルギー ··················67, 86-88, 89, 90
中国に伝わる教え ·······················21, 68
聴覚 ···48
調和的な間隔 ····································38
治療 ··88-89, 91, 112
　色の使用 ···························109, 112-113
　音楽の使用 ·································118
　チャート ···························101, 112-113
治療として歌う ·································118
　光の使用 ·······························106-111
　療法を組み合わせる ·········118, 120-121

INDEX 127

つ・て・と

椎骨 ・・・・・・・・・・・・・・・・・・・69, 70, 72-73, 90
月　参照→「月の影響」
月の影響 ・・・・・・・・・・・・・・・・・・・・・・・・・・・・・・60
翼と光輪 ・・・・・・・・・・・・・・・・・・・・・・・・・・・・・・60
デザインとパターン ・・・・・・・・・・・・・・・・・・76
手で触れる ・・・・・・・・・・・・・・・・・・・・・・・48, 49
電気ショック療法 ・・・・・・・・・・・・・・・・・・・・89
電磁エネルギー ・・・・・・・・・・・・・・10, 33, 44
　スペクトル ・・・・・・・・・・・・・・・・・・・・34-38
動作 ・・・・・・・・・・・・・・・・・・・・・・・・・・56-57, 81
頭頂チャクラ ・・・・・・・・・・・・・・・・・・・・・・・・88
動物 ・・・・・・・・・・・・・・・・・・・・・・・・・・・・・・・・・・61
毒素 ・・・・・・・・・・・・・・・・・・・・・・・・・・・・・・・・・・89
ドルイド僧 ・・・・・・・・・・・・・・・・・・・・・・・・・・・48

な・に・ね・の

内的な調和 ・・・・・・・・・・・・・・・・・・・・・・・・・・23
におい（嗅覚） ・・・・・・・・・・・・・・・・・・・・・・・48
肉体の感覚 ・・・・・・・・・・・・・・・・・・・・・・・・・・90
肉体の機能 ・・・・・・・72-74, 92-93, 112-113
虹 ・・・・・・・・・・・・・・・・・・・・・・・・・・・・・・・18, 33
日光 ・・・・・・・・・・・・・・・・・・・・・・・18, 36-37, 60
ニュートン、アイザック ・・・・・・・・・・・・・33
眠り ・・・・・・・・・・・・・・・・・・・・・・・・・・・・・・・・・・61
　　参照→「不眠症」
粘液質 ・・・・・・・・・・・・・・・・・・・・・・・・・・・・・・・77
脳 ・・・・・・・・・・・・・・・・・10, 20, 33, 46, 48, 102
脳卒中の療法 ・・・・・・・・・・・・・・・・・・・100, 102
　脳における異常な精神状態 ・・・・・67-68
脳波 ・・・・・・・・・・・・・・・・・・・・・・・・・・60, 67-68
喉（甲状腺）チャクラ ・・・・・・・・・・・・・・・・88

は

ハーモニー ・・・・・・・・・・・・・・・・・・・22-23, 118
灰色 ・・・・・・・・・・・・・・・・・・・・23, 88, 89, 97, 111
ハイコジェットバス ・・・・・・・・・・・・・108, 114
ハイジア・スタジオ ・・・・・・・・108, 109, 117
バウハウス・スクール ・・・・・・・・・・・・22-23
白色 ・・・・・・・・・・・・・・・・・・・・・・・・・・23, 26, 29
白内障 ・・・・・・・・・・・・・・・・・・・・・・・・・・・・・・116
パターン ・・・・・・・・・・・・・・・・・・・・・・・・・66, 76
波長 ・・・・・・・・・・・・・・・・・・・・・・・・・・・・・・・・・・36
8色のスペクトル ・・・・・・・・・・・・・・・・・・・・40
バッハ、ヨハン・セバスチャン ・・・・・118
波動のエネルギー ・・・・・・・・・・・・・・・・・・・33

ひ

ヒーリング ・・・・・・・22, 102, 105-113, 122
　チャート ・・・・・・・・・・・・・・・・・・・・110-113
　道具 ・・・・・・・・・・・・・・・・・・・・・・・・・108-117
ヒーリングの道具 ・・・・・・・・・・・・・108-117
光
　エネルギー ・・・・・・・・・・・・・18, 20, 106

可視光線 ・・・・・・・・・・・・・・・・・・・・・・・・18, 36
完全スペクトル ・・・・・・・・・・・・・・・・・36-37
人工光 ・・・・・・・・・・・・・・・・・・・・20, 28, 36
生理学 ・・・・・・・・・・・・・・・・・・・・・・・・・・・・・32
光と体 ・・・・・・・・・・・・・・・・・・・・・・32-33, 37
光と顔料 ・・・・・・・・・・・・・・・・・・・・・・38-39
光と植物の成長 ・・・・・・・・・・・・・・・20, 60
ピタゴラス ・・・・・・・・・・・・・・・・・・・・・・・・・33
否定的な考え ・・・・・・・・・・・50, 80, 82, 88, 90
人との出会い ・・・・・・・・・・・・・・・・・100-101
皮膚 ・・・・・・・・・・・・・・・・・・・・・・・・・・・・23, 32
ヒポクラテス ・・・・・・・・・・・・・・・・・・・・76-77
病院 ・・・・・・・・・・・・・・・・・・・・・・・・・・・・24, 25
病気 ・・・・・・・・・・・・・・・・・・・・・・・・・・・・80, 82
　参照→「慢性的な軽い病気」「疾病」
病気のサイクル ・・・・・・・・・・・・・・・・・・・・・81

ふ

フィボナッチ、レオナルド ・・・・・・・・・・38
フィボナッチの数列 ・・・・・・37, 38, 109, 118
服 ・・・・・・・・・・・・・・・・・21-22, 101, 105, 108, 111
物質の構成 ・・・・・・・・・・・・・・・・・・・・・・・・・・61
物質の配置 ・・・・・・・・・・・・・・・・・・・・・・・・・・61
不眠症 ・・・・・・・・・・・・・・・・・・101, 102, 114, 118
プラクティショナー ・・・・・・・・・80, 84, 94
プラトン ・・・・・・・・・・・・・・・・・・・・・・・33, 104
プラトンの立体 ・・・・・・・・・・・・・・・・46, 104
プランク、マックス ・・・・・・・・・・・・・・・・・33
プリズム ・・・・・・・・・・・・・・・・・・・・・・・・34-35
風呂と入浴 ・・・・・・・・・・・・・・・・・・・・114-116

へ・ほ

偏頭痛 ・・・・・・・・・・・・・・・・・・・・・・・・・・・・・101
　ケーススタディ ・・・・・・・・・・・・・・・・・・85
ペンデュラム（振り子）・ダウジング ・・・
・・・・・・・・・・・・・・・・・・・・・・・・・・・・・・13, 69-70
宝石 ・・・・・・・・・・・・・・・・・・・・・・・・・・・・21, 48
包装 ・・・・・・・・・・・・・・・・・・・・・・・・・・・・・・・・26
補色 ・・・・・・・・・・・・・・・・・・・・・・・・・・・・39, 62
　診断 ・・・・・・・・・・・・・・・・・・・・・72-73, 91-93
　治療 ・・・・・・・・・・・・・・・・・・・・・・・・・・・・109
ボッティチェルリ、アレッサンドロ ・・60
本能 ・・・・・・・・・・・・・・・・・・・・・・・・・・・・45-46

ま

マゼンタ ・・・・・・・・・・・・・・・・・・・・・・・・47, 54
　オーラ ・・・・・・・・・・・・・・・・・・・・・・・64, 88
　性格 ・・・・・・・・・・・・・・・・・・・・・・・・・94-95
　脊椎診断 ・・・・・・・・・・・・・・・・・・・・・73, 93
　装飾 ・・・・・・・・・・・・・・・・・・・・・・・・・25, 29
　治療 ・・・・・・・・・・・・・・・・・・・・・・・・108-113
マッサージ ・・・・・・・・・・・・・・・・・・・・・・21, 49
慢性的な軽い病気 ・・・・・・・・・・・・・・・41, 101
　参照→「病気」「疾病」

み

水 ・・・・・・・・・・・・・・・・・・・・・・・・・・・・・・・・・・49
　太陽光線にさらした水 ・・・・・・・・・・116
　療法 ・・・・・・・・・・・・・・・・・・・・・・・・・・・・114
緑色 ・・・・・・・・・・・・・・・・・・・・・・・・23, 54, 57
　オーラ ・・・・・・・・・・・・・・・・・・・・・・64, 88
　形と五感 ・・・・・・・・・・・・・・・・・・・・47-48
　性格 ・・・・・・・・・・・・・・・・・・・・・・・・94-97
　脊椎診断 ・・・・・・・・・・・・・・・・・・・・・73, 93
　装飾 ・・・・・・・・・・・・・・・・・・・・・・25-26, 28
　治療 ・・・・・・・・・・・・・・・・・・・・・・・・104-113
ミネラル ・・・・・・・・・・・・・・・・・・・・・・・・・・・61

め

瞑想 ・・・・・・・・・・・・・・・・・・・・・18, 52, 60, 68
目と視覚 ・・・・・・・・・・・・・・・・・・・20, 32, 102
　強化 ・・・・・・・・・・・・・・・・・・101, 106-107
　ヒーリングランプ ・・・・・・・・・・116-117
目の不自由な人 ・・・・・・・・・・・・12, 32-33, 49

や・ゆ・よ

闇 ・・・・・・・・・・・・・・・・・・・・・・・・・・・16, 37, 56
指によるダウジング ・・・・・・・・・・・・・・・・70
4体液説 ・・・・・・・・・・・・・・・・・・・・・・・・・・・・21

ら

ライト・セラピーにおける安全性 ・・・111
ライト・トリートメント ・・・・・・106-111
　安全性 ・・・・・・・・・・・・・・・・・・・・・・・・・111
ラジオ波 ・・・・・・・・・・・・・・・・・・・・・・・36, 37
ランプ ・・・・・・・・・・・・・・・・・・・・・・21, 116-117

り

リズム ・・・・・・・・・・・・・・・・・・・・・・73, 77, 122
立体　参照→「オーラの変化と形」
リューマチ ・・・・・・・・・・・・・・・・・・・・・・・・101
リュッシャーのカラーテスト ・・・・・81, 97
リュッシャー、マックス博士 ・・・・・26, 97
緑内障 ・・・・・・・・・・・・・・・・・・・・・・・・・・・・116
リラックス法 ・・・・・・・・・・・・・・・・・29, 50, 52

れ・ろ

霊性 ・・・・・・・・・・・・・・・・・・・・・・・・・・・71, 102
連想　参照→「色」
老化（加齢）プロセス ・・・・・・・20-21, 50, 76

ガイアブックスの本

入門 オーラを見る
自分とまわりのオーラを読み取り、健康と幸福のために生かしてみたい初めての人々へ

ジェーン・ストラザーズ 著

人を取り巻く「気の場」であるオーラは、健康や気分などについて奥深い秘密を教えてくれる。本書ではオーラの読み取り方と解釈方法、浄化・強化法、そして新しい能力を使い人生のあらゆる側面を変えていく方法を説明する。

本体価格 1,900円

チャクラヒーリング
自分自身の超自然的エネルギーの渦を知り心と体をコントロール

リズ・シンプソン 著

チャクラは身体で渦巻くエネルギーの中心点。肉体、精神、情緒、魂のバランスを維持する大切な働きをする。チャクラに働きかけ、心と体と魂を癒し、自己開発を。

本体価格 2,800円

クリスタルヒーリング
永い眠りから覚めた石が人間を癒してくれる

リズ・シンプソン 著

クリスタルを科学的に解説するとともに、自己発展と治療にクリスタルが持つ癒しの力を利用する方法を紹介。クリスタルによってチャクラとオーラの調和を保つ。自分にあったクリスタルを選び、そのパワーを認識する方法など。

本体価格 2,500円

ナチュラルヘルスシリーズ
実践カラーヒーリング
心と身体と魂を静め、癒し、エネルギーを与えるためのカラーセラピーの行い方

ステファニー・ノリス 著

心と体と魂を静め、癒し、エネルギーを与えるためのカラーセラピーの行い方。緩和できるすべての悪い状態を探りつつ、専門用語は使わずに初めての人にもわかりやすく説明。カラーヒーリングの方法をすべて網羅する。

本体価格 980円

カラーセラピー
精神とスピリットの向上など、カラーの持つ魔力の詳しい全容と総合的活用法の決定版

ジョナサン・ディー／レスリー・テイラー 著

生活にバランスと調和を持たらすカラーセラピーの方法を紹介し、積極的に色彩を生活に役立てる術を解説する。さまざまな色彩が持つ意味と効果に興味のある方に必携の一冊。

本体価格 1,700円

光のヒーリングとセラピー
光を日常生活に取り入れる実践的方法を紹介

ロジャー・コッグヒル 著

生命の根源である光。強力な効果を示す各種の光セラピーが治療の選択肢に加わろうとしている現在、体と心、そしてスピリチュアルな健康のために、光を日常生活に取り入れる実践的方法を紹介する。

本体価格 2,400円

A GAIA ORIGINAL
カラー・ヒーリング＆セラピー
THE BOOK OF COLOUR HEALING

発　　行	2009年3月1日
発行者	平野　陽三
発行元	**ガイアブックス**
	〒169-0074 東京都新宿区北新宿 3-14-8
	TEL.03(3366)1411　FAX.03(3366)3503
	http://www.gaiajapan.co.jp
発売元	産調出版株式会社

Copyright GAIA BOOKS INC. JAPAN2009
ISBN978-4-88282-689-7 C0077

落丁本・乱丁本はお取り替えいたします。
本書を許可なく複製することは、かたくお断わりします。
Printed in China

注 本書はテオ・ギンベル著『カラーヒーリング』の縮小版です。